LAURO TREVISAN

Você Tem o Poder De Alcançar Riquezas

46ª edição
2013

EDITORA E DISTRIBUIDORA DA MENTE
SANTA MARIA – RS – BRASIL

Você tem o Poder de Alcançar Riquezas

Lançamento: 1986. Editora da Mente.
Esta é 46ª edição, atualizada em 2013.
Capa: Andrey Lamberty

T814v Trevisan, Lauro
Você tem o poder de alcançar riquezas / Lauro Trevisan
– Santa Maria : Editora da Mente, 2013
232 p.

ISBN: 85-71510-21-0

1. Psicologia 2. Economia 3. Autoajuda 4. Motivação
I. Título

CDU 159.962.7

Ficha elaborada por Eunice de Olivera, CRB 10-1491

EDITORA DA mente

Pedidos: Editora e Distribuidora da Mente Ltda.
Rua Tuiuti, 1677 – Caixa Postal: 559
97015-663 – Santa Maria – RS – Brasil
Fone: (55) 3223.0202 ou Fax: 55.3221.7184
Email: mente@editoradamente.com.br
Internet: www.laurotrevisan.com.br
Autor: laurotr@uol.com.br

Você Nasceu Rico Para Ser Rico

Levante a cabeça e contemple, fascinado, este mundo de imensas riquezas, criado por Deus, para você.

Eis, enfim, o segredo e a descoberta fantástica que colocarão você definitivamente no caminho certo, fácil e verdadeiro da riqueza material.

Ser pobre – não é virtude.

Ser rico sem saúde – não é vantagem.

Ser rico, brigado consigo e com o mundo – não traz benefícios.

Esperar para desfrutar a riqueza na velhice – é perder o melhor da vida.

Ser rico trabalhando que nem desesperado – não permite desfrutar a riqueza.

Descubra aqui o caminho agradável, ensolarado, a favor da correnteza, abençoado, sábio, infalível, que deixará você diante das minas de ouro do universo.

Você tem dentro de si o aparelho de prospecção do ouro: a sua mente.

Agora você romperá as barreiras da pobreza, do azar, do fracasso, e se levantará às alturas dos milionários, se assim o desejar.

Seus sonhos justos e benéficos de casa própria, de alimento abundante, de roupas elegantes, de carro, de conforto, de viagens, de um lugar ao sol, tornar-se-ão realidade, porque você saberá abrir a porta do tesouro infinito.

Levante a cabeça e contemple, fascinado, este mundo de imensas riquezas, criado por Deus, para você.

Saia da contradição de dizer-se filho de Deus e viver escravizado pelas necessidades e privações.

Chegou a sua vez.

Este é o caminho da sua redenção econômica.

Há os que enriqueceram de ouvido, ou seja, por si mesmos, com desgaste da saúde, com muita luta, passando necessidades.

Mas, este aqui é o caminho. O legítimo.

A maneira pela qual Deus rege o universo e o ser humano é através de Leis. Aqui você conhecerá as Leis infalíveis, simples, acessíveis, que lhe abrirão o portal da mina infinita.

Chegou a sua hora.

Ponha em execução o seu poder de enriquecer.

Toda a riqueza do universo foi criada por Deus para você usufruí-la.

Pobreza, fome, sofrimentos, são anormalidades de quem se perdeu pelos descaminhos da ignorância.

Abençoe este momento.

Faça com que os seus sonhos positivos e benfazejos se realizem. Antes que você pudesse criar os seus desejos, Deus já tinha criado a realidade correspondente. Portanto, você é seu único limite.

Agora, comece a viver em paz, cheio de alegria, saudável, mergulhado na abundância do universo.

Você merece. Porque é filho de Deus.

O mundo está abrindo as portas para você.

Vamos! Entre!

UMA FORTUNA

Conta uma notícia divulgada pelo jornal "O Estado de São Paulo", em 16 de outubro de 1937, que um estudante, assíduo frequentador da Biblioteca do Vaticano, ao tomar nas mãos um livro de Emile Fabrier de Revisa, publicado em 1784, encontrou, no meio das folhas, um papel com estes dizeres: "Quem encontrar este bilhete, leve-o ao meu notário e peça-lhe que faça o que está disposto no registro L. n. 162". A seguir, vinha o endereço do notário e a data: Roma, 5 de fevereiro de 1784.

O estudante achou estranho o bilhete e, embora um pouco desconfiado, saiu à procura do cartório citado, apresentando o misterioso bilhete.

Instantes depois de realizadas as buscas, o notário entregou ao rapaz um cheque de oito milhões de libras.

Estupefato, o estudante disse que não podia receber tal fortuna por não pertencer aos descendentes do escritor.

O escrivão explicou-lhe, então, que o escritor Emile de Revisa, irritado com as críticas negativas da imprensa ao seu livro, resolveu fazer um teste. Para verificar se o seu livro seria lido, colocou aquele bilhete dentro do volume da Biblioteca do Vaticano, na expectativa de que alguém fosse reclamar o prêmio oferecido.

Somente cerca de século e meio após a colocação do bilhete é que alguém o encontrou.

O moço ficou muito contente com a fortuna e correu para casa a fim de levar a incrível notícia aos parentes.

Mas, o que é que você tem a ver com isso?

Tem muito a ver, porque também este livro quer oferecer-lhe uma fortuna incalculável. Aqui está a mina do tesouro. Esta é a sua loteria. Você está ganhando a sorte grande. Comece a festejar desde já. Parabéns a você.

Vamos, comece. Não perca tempo.

Esta é a sua hora. Nada acontece por acaso.

Bom proveito!

CAPÍTULO 1
O Caminho da Riqueza

"Formarás os teus projetos, eles terão feliz êxito, e a luz brilhará em teus caminhos". (Bíblia)

No outro dia, saí de manhã cedo a caminhar pelas ruas da cidade. Encontrei muitas pessoas se dirigindo para o trabalho. Algumas eu conhecia.

- Aonde vai com tanta pressa? – perguntei a um amigo.

- Vou defender o leitinho das crianças – respondeu ele, sorrindo.

Mais adiante, dei com uma senhora conhecida.

- Já de manhã cedo na rua?

- É a luta pela vida. Que se vai fazer, né?!

Na esquina, deparei com seu José, um amigo de muitos anos.

- Seu José, aonde é que vai?

- Para o trabalho. Como dizem por aí: "Quem não trabalha, não come". Então, vamos lá ganhar o pão nosso de cada dia.

- Espero que não seja o pão que o diabo amassou – brinquei.

De todas as ruas desembocavam pessoas apressadas, preocupadas com o horário, acelerando o passo para chegarem a tempo ao seu local de trabalho.

Percebi que esse era o ritual diário de uma imensa multidão de pessoas, em todas as partes do mundo.

Saíam em busca de quê?

Do dinheiro, que se transformaria em alimentos, roupas, eletrodomésticos, água, luz, telefone, energia elétrica, livros, condução, lazer, oração, saúde e tudo o mais.

Por trás de tudo, o dinheiro.

Até mesmo naquela senhora, que voltava da missa, o dinheiro tinha se tornado uma necessidade indispensável: a roupa que vestia, o terço que carregava, o livro de reza que estava na bolsa, a esmola que deixara na igreja, o óbulo da missa, o óculos que lhe permitia rezar, o sapato que usava, tudo era resultado do dinheiro.

Alonguei os olhos e vislumbrei a igreja catedral, bela, imponente, de linhas arrojadas, recanto abençoado onde tanta gente se refugiava para recolher energias espirituais e entrar em contato com o Altíssimo. E pensei que essa riqueza material, ultrapassando em muito os mais grandiosos palácios da cidade, somente fora possível graças ao dinheiro, que se transformou em tijolos, pedras, cimento, cal, vitrais, telhas, madeiramento, bancos, pinturas, arte, castiçais, sacrário, paramentos, portas e tantas coisas necessárias ao culto.

De repente, fui alertado por uma ambulância que, de sirene aberta, fazia a curva rapidamente e entrava no hospital, logo aí à direita.

Hospital. Cada quarto, cada metro quadrado de parede,

representando um mundo de amor, de compaixão, de solidariedade, de bondade, e até mesmo de sacrifício em favor dos que sofrem. Mas, esse monumento de defesa da vida humana só pôde existir porque houve o dinheiro que o tornou realidade.

Segui em frente. As casas de alvenaria se alinhavam simetricamente de lado a lado da rua.

Cada casa, um mundo. O mundo maravilhoso de um pequeno país chamado família.

E esse pequeno país, como todos os outros, só poderia subsistir graças ao seu Ministério das Finanças, que providencia o leite, o pão, a carne, o sal, o arroz, o feijão, a pasta de dente, as roupas, os lençóis, as cortinas, a geladeira, o fogão, as lâmpadas, os pratos, os talheres e tudo o que, ainda, corresponde aos aspectos da saúde, lazer, trabalho, arte, cultura e educação.

Ao retornar para casa, passei por grandes e pequenas indústrias de calçados, de confecções, de móveis, de vidros, de carros, de canetas, de caminhões, de tratores, de artefatos de ferro, de remédios, de pão, de tapetes, e abençoei a riqueza dessas pessoas, fonte de bens materiais e de novas riquezas distribuídas aos operários.

A LEI DA RIQUEZA

O caminho da riqueza é a mente ligada na riqueza.

As riquezas do universo foram criadas pela Mente Divina.

As suas riquezas serão criadas pela sua mente. Por isso, diz-se, com toda razão, que riqueza é estado de espírito.

Assim como o universo, a humanidade é regida por Leis.

Uma das mais conhecidas Leis que regem a humanidade é essa: o semelhante atrai o semelhante. Os iguais se atraem.

Trata-se de uma Lei mental. Portanto, o pensamento atrai

a realidade do conteúdo do pensamento. Assim como pensamentos de amor atraem o amor, da mesma forma pensamentos de riqueza atraem a riqueza.

O pensamento é uma realidade mental que busca expressar-se materialmente. Dessa forma, toda riqueza material é resultado da riqueza mental. A riqueza, pois, começa primeiro mentalmente.

Mente negativa produz realidades negativas; mente positiva produz realidades positivas.

É impossível existir uma pessoa que tenha a mente ligada na riqueza e seja pobre, como é impossível encontrar-se alguém que viva no mundo mental da pobreza e seja rico.

O mundo exterior é a materialização do mundo interior.

A toda ação interna produz-se uma reação externa.

Orison Sweet Marden escreveu, com muito acerto: " A prosperidade cria-se primeiro mentalmente." ("Os Milagres do Pensamento").

UMA ENTREVISTA NA TELEVISÃO

Numa das primeiras vezes que estive realizando a Jornada do Poder da Mente em Lisboa, fui entrevistado pela Televisão, Canal Um. Explicava que a riqueza nasce na mente e se expressa no mundo material. O repórter estava muito surpreso com a minha colocação e atalhou:

- Então, você acha que, se eu quero uma casa, um carro, basta mentalizar?

- Isso nem é tão estranho quanto você está imaginando – respondi-lhe. – A sua casa, por exemplo, antes de existir materialmente, existiu na sua mente. Só depois de existir na sua mente é que aconteceu na realidade física. Foi o desejo e a visualização que materializaram a sua casa.

"Nossa premissa é de que os pensamentos fazem as coisas" – escreveu Andersen. ("Três Palavras Mágicas").

Tempos atrás, fui convidado para um churrasco na casa de um casal amigo e pude ver, naquela bela mansão, mais uma prova da materialização do pensamento.

Esse casal sempre participava das jornadas sobre o Poder da Mente, em Porto Alegre. Ela mentalizou um terreno maravilhoso, em local ideal, e acabou adquirindo-o. Daí nasceu o projeto mental da casa. Todos os ambientes da moradia e o estilo da construção eram fruto de mentalização diária, principalmente da mulher, que chegou a desenhar a residência conforme seus desejos. Hoje, a casa é uma realidade material perfeita e acabada.

Se esse casal vivesse eternamente se queixando da vida dura e das dificuldades de realizar o sonho da casa nova, porque os tijolos, o cimento, a areia, a madeira, os vidros e o material de construção estavam cada dia mais caros, acredita você que a casa aconteceria? Talvez estivessem morando numa residência simples, alugada, exatamente de acordo com a sua mentalidade.

Como escreveu Marden: "Todos nós somos arquitetos que colocamos pedras, tijolos, e outros materiais, em volta da ideia da qual pretendemos fazer uma realidade. Muitos desejariam ser ricos, mas os seus pensamentos são tão acanhados e mesquinhos, que nunca ficam nas condições favoráveis à vinda da abundância". ("Os Milagres do Pensamento").

- Mas, para ter uma casa é preciso ter dinheiro – opinará você.

Para conseguir uma casa é preciso ter a ideia e o desejo da casa. Estas realidades mentais são possíveis a qualquer pessoa, mesmo a quem vive debaixo de uma ponte.

E OS QUE VIVEM DEBAIXO DA PONTE?

Não são poucos os que forcejam para encontrar objeções e contradições em torno da teoria de que é a mente que materializa a casa desejada.

Alegam que a realidade de uma casa depende de dinheiro, dinheiro depende de ser ganho, o ganho depende de condições propícias, condições propícias dependem de sorte e sorte não é para qualquer um.

Quem assim pensa é um pobre coitado. Pobre, porque a sua mente vive na ignorância, na penúria, nas dificuldades, no submundo da vida; coitado, porque digno de pena.

Toda construção deriva da planta, toda planta deriva do plano e todo plano é criação da mente. Qualquer casa, portanto, é resultado da mente. Não existe casa despencada do céu.

Certa vez, me perguntaram como seria possível que um miserável, vivendo debaixo da ponte, pudesse conseguir uma casa, ele que não ganha dinheiro nem para a comida?

Antes de tudo, é preciso saber que é a mente criativa do miserável que o vai levar a ter a sua casa, e mente ele a possui, tanto quanto a possui o milionário que vive numa suntuosa mansão.

A diferença entre o miserável da ponte e o milionário da mansão está nos pensamentos. O milionário tem seus pensamentos ligados à mansão, ao conforto, à riqueza, à abundância, e acredita que tudo isso vem na sua direção, ao passo que o miserável tem seus pensamentos ligados à imagem da ponte, da sujeira, da miséria, da fome, da incapacidade, do fatalismo. Ambos colhem exatamente o que estão semeando na mente, em cujo secreto existe o Poder Divino, que transforma, por um milagre infinito, o pensamento em realidade material.

Não existe, portanto, injustiça. Cada qual está colhendo

precisamente o fruto de sua própria árvore.

Você vai cansar de ler, nesta obra, que o pensamento é uma realidade mental que busca a materialização, ou seja, a expressão no universo.

O seu mundo, o mundo do rico, o mundo do miserável, o mundo do favelado, é criado pela mente de cada um.

Quando o miserável se queixa de Deus e da humanidade pela sua situação, está chorando em túmulo errado. Deve queixar-se de si mesmo. Porque não está acreditando no seu próprio poder criador e realizador.

Napoleão Hill escreveu, inteligentemente, num de seus livros: "Lembre-se que não se exige mais esforço para um alto objetivo na vida, para a abundância e prosperidade, do que para aceitar a miséria e a pobreza". ("Pense e Enriqueça"). Isto quer dizer que o mesmo esforço mental que faz o inquilino da ponte para mentalizar a sua pobreza, a sua incapacidade, o seu derrotismo, a sua miséria, o seu destino, é o que se exige para mentalizar a riqueza, a roupa, a comida em abundância, o emprego, o dinheiro, a casa, a geladeira, a tevê digital e tudo o mais.

Como o pensamento é um milagroso ato criador, por acionar o Poder Infinito, não se pode deixar de compreender que a miséria do miserável é resultado da miséria mental.

"Pelos frutos se conhece a árvore" – já dizia sabiamente o Mestre.

Pela penúria do miserável se conhece a sua mente. É por isso que tinha razão de sobra Andersen, quando escreveu: "A má sorte não se abate sobre você, você a cria". ("Três Palavras Mágicas").

Pode ser que o morador da ponte não saiba que ele mesmo é a causa da sua miséria. Mas, nem por isso, a Lei deixará de acontecer no universo. Quer você saiba ou não saiba que o fogo queima, ao colocar a mão no fogo, este a queimará. Não pense que o fogo vai deixar de queimar porque você não sabe disso. Da mesma forma, o pensamento do ser humano faz a realidade dele. Pensamentos de miséria produzirão miséria, pensamentos de riqueza produzirão riqueza.

Daí se conclui que a causa das favelas e da miséria não está na riqueza dos ricos, mas na mente do favelado e do miserável. Se um miserável não quiser sair da sua miséria, nem todo o dinheiro do Banco Mundial conseguirá tirá-lo desta situação. Ele teimará em passar fome e ser miserável, e pronto. Só no dia em que mudar de ideia, mudará a sua realidade.

Assim como só você pode fazer você feliz, só você pode fazer você rico. Porque riqueza e pobreza não passam de estado mental.

- Então – concluirá você – de nada adianta querer ajudar um miserável!

Espere um pouco. Devagar nas pedras.

Se a causa da pobreza é a ignorância, bom homem é aquele que vai ajudar o pobre a conhecer o caminho da libertação.

Como tudo no universo se rege por Leis, é fácil compreender que todo aquele que vai contribuir para que todos, principalmente os mais abandonados, os ignorantes, os equivocados, tenham conhecimento dessas Leis, estará realizando uma missão digna, cristã, elevada e de transcendental importância para a melhoria da humanidade.

Mas, mesmo assim, só o pobre pode sair da sua própria pobreza.

A causa da pobreza é mental.

- Acha você que um desgraçado, que não tem dinheiro nem para comprar um tijolo, pode ter uma casa? – perguntará você, não querendo acreditar.

A resposta é mais simples do que você pensa. Milhões de

pessoas, que hoje vivem na própria casa, um dia não tiveram dinheiro nem para comprar um tijolo. Inclusive eu. Por outro lado, quantas pessoas, que nasceram num palacete, hoje não têm um tijolo sequer. Porque riqueza é estado mental. Assim como a pobreza.

É impossível ser rica uma pessoa que tenha a mente fixada na pobreza, assim como é impossível ser pobre uma pessoa que tenha a mente na crença da riqueza. Pouco importa o ponto de partida. Pode ser até meio tijolo.

Conhece aquela piada do miserável, que entrou numa igreja, ajoelhou-se lá na frente e rezava em altas vozes pedindo que Deus lhe conservasse a fome que tinha?

A senhora, que estava orando ao lado, ficou espantada com tão estranho pedido e quis saber por que ele pedia a Deus que conservasse a fome que tinha.

- Ora – respondeu o miserável – porque se a fome aumenta, estou perdido!

Esta piada bem pode expressar o conteúdo mental de tanta gente. É um círculo vicioso: a mente cria a pobreza, a realidade da pobreza realimenta o estado mental de pobreza. E assim vão vivendo até que alguém rompa este círculo vicioso, ensinando o caminho da riqueza.

Você, que sonha em ter, um dia, a sua casa, veja o que escreveu Prentice Mulford: "Vivei mentalmente num palácio e gradativamente vos serão atraídas todas as condições correspondentes".

Ele quis ensinar que, pelo fato de você desejar viver num palácio e manter essa imagem vívida na mente, o Poder Interior, que é a resposta aos desejos e imagens mentais, abrirá o caminho para que isso aconteça realmente.

Não se pergunte como vai acontecer. A Sabedoria Infinita, que habita o seu íntimo, conhecedora de todos os caminhos possíveis e imagináveis, levará você pela mão, através das situações; até a sua casa.

Faça a oração da casa própria e ela acontecerá. Não se coloque empecilhos, como dificuldades de financiamento, baixo salário, preço alto dos materiais de construção. Tudo isso entra no rol dos pensamentos negativos. Tenha a certeza de que vai acontecer. E acontecerá.

Você fez a sua parte, que é pedir. Deus fará a dele, que é dar.

Vai acontecer. Não duvide.

Reconheça o seu poder realizador.

Imagine a sua casa, desenhe-a do seu jeito mesmo, visualize as paredes, os quartos, os ambientes, os tapetes, as cortinas, e faça com que este sonho ganhe vida na sua mente.

Não se angustie, não se afobe, não se agite, não se inquiete.

Assim como todos os caminhos levam a Roma, todas as condições circunstanciais levarão você à sua casa.

Já começou a acontecer. Alegre-se.

E diga: Obrigado, Deus!

A CAUSA DA POBREZA É MENTAL

Você é pobre porque acha que não tem condições de progredir; ou porque supõe que viver pobremente é o melhor; ou porque acha que os outros não lhe dão chance; ou porque admite que não tenha capacidade de prosperar; ou porque aprendeu que ser rico é uma desgraça; ou porque pensa que, no lugar em que vive, só existe pobreza; ou porque acredita que sua religião prega a pobreza; ou porque imagina que precisa de dois braços para trabalhar e só tem um; ou porque entende que, para enriquecer, precisa estudar e você não frequentou os bancos escolares; ou porque pensa isso ou aquilo.

Como você percebe, todas essas causas são apenas criações da mente.

Porque você acha, porque você pensa, porque você entende, porque admite, porque imagina, porque aprendeu, porque acredita, tudo não passa de conteúdo mental.

Pobreza, na verdade, é estado de espírito.

Os pensamentos, que dominam a sua mente, conduzem-no para essa realidade.

O mundo material não é nada mais do que a realização do mundo mental.

Se, a partir de agora, você acreditar que pode enriquecer e prosperar na vida, essa fé, que é a ação mental, moverá céus e terras para fazer com que assim aconteça.

Ao pensamento sucede-se a reação; à reação sucede-se a ação; à ação sucede-se a materialização.

"Primeiro o pensamento, depois o objeto; assim é a Lei" – escreveu Andersen. ("O Poder da Energia Mental").

Uma senhora, de Belo Horizonte, contou o seguinte fato: um mendigo, que dormia na rua, de vez em quando aparecia na casa dela, pedindo esmola. Um dia, ela perguntou-lhe se sabia ler e ele disse que sim. Deu-lhe, então, o livro "O Poder Infinito da Sua Mente" e pediu que lesse com calma e atenção. Todos os dias o mendigo aparecia na casa daquela senhora e lhe contava entusiasmado os trechos do livro que tinha lido.

Do pensamento nasceu a reação e seguiu-se a ação. Pediu emprestado à senhora um dinheirinho para comprar um martelo, serrote e alguma coisinha de carpintaria. Ele já trabalhara como carpinteiro. Começou a construir ranchos de favelados. Com o dinheirinho que sobrava, foi adquirindo material para fazer a sua casinha. Depois, comprou fogão e foi equipando devagarinho o seu próprio rancho. Devolveu o dinheiro pedido por empréstimo à senhora e estava progredindo cada dia mais.

A riqueza está na mente.

SIM, A RIQUEZA ESTÁ NA MENTE

"Formarás os teus projetos, eles terão feliz êxito, e a luz brilhará em teus caminhos" – diz a Bíblia. (Jó 22, 28).

Onde você formará os projetos?

Na mente, é claro.

Ao formar os seus projetos, você está desenhando na mente aquilo que deseja conseguir. Este desenho mental é claro, definido, vívido, portanto está fadado ao feliz êxito.

"E a luz brilhará em teus caminhos" – completa a Bíblia.

Sim, de fato, os seus caminhos serão caminhos de luz, isto é, abençoados, porque você sabe que o Pai Celestial, que habita o seu secreto, é o Poder Divino que transforma os seus projetos em realidade material.

James Allen escreveu, com muita propriedade, que "o pensamento tem uma insuperável relação com as coisas externas e materiais". ("Da Pobreza ao Poder"). E nós podemos completar, dizendo que as coisas materiais, por sua vez, têm uma insuperável relação com o pensamento.

Como você tem o poder de criar qualquer espécie de pensamento, tem, outrossim, o poder de materializar tudo o que quiser. Isto equivale a dizer que a fonte de todas as riquezas está na mente. Foi o que escreveu R. Stanganelli: "Todas as riquezas do universo se encontram dentro de você, aguardando serem liberadas". ("O Poder de Todos Para o Sucesso").

Não me refiro apenas às riquezas oriundas diretamente da ideia, como invenções, artes, pintura, música, arquitetura, poesia, literatura, escultura, mas também a toda e qualquer forma material de riqueza, como a aquisição de carro, de terras, de trator, de roupas, assim por diante.

"O que retemos firmemente na imaginação deve refletir, com o tempo, no nosso mundo exterior, pois esta é a lei da mente em ação. O estado de consciência que mantivermos planejará até os meios mais adequados para que, linha por linha, ponto por ponto, o mundo interior vá moldando e ajustando o mundo exterior" – escreveu Roy Eugene Davis. ("Imaginação Criadora").

Desejo que você dê atenção a esta assertiva: o que retemos firmemente na imaginação.

Não são os pensamentos vagos, indefinidos e desinteressados que atrairão as energias materializantes, mas os projetos retidos firmemente na imaginação.

A mente é, por assim dizer, a indústria divina que metaboliza o pensamento, transformando-o em produto acabado e perfeito.

O caminho da riqueza, portanto, é a sua mente. Graças a Deus.

Agora, ao invés de dar tiros no ar, você assestará a sua pontaria no alvo certo. Assim, ganhará tempo, não gastará energias à-toa, sentir-se-á autoconfiante, além de ter a segurança absoluta de que seus projetos mentais vão dar certo.

TOME A CHAVE CERTA

Muita gente está lhe ensinando o caminho da riqueza e do sucesso, mas nem todos estão lhe dando a chave certa.

Aquele que lhe disser que você só enriquece sendo mais espertalhão do que os outros, está lhe passando a chave errada.

- É claro – dizem os defensores desta teoria – tem que dar

golpe aqui e ali, senão você morre de fome. Não banque o honestinho porque você entra pelo cano. Dinheiro não dá em touceira!

E ensinam mil e uma mutretas para engambelar o freguês.

Basta você olhar para a cara deles e já saberá que isso não dá certo.

Pode-se aplicar a eles aquela piada, em que se encontram dois homens. Um fumava. O outro, querendo tirá-lo do vício, disse:

- Se você deixasse de fumar, só com esse dinheiro hoje viveria num palácio.

- Você fuma? – perguntou-lhe o fumante.

- Eu não!

- Então, vamos dar uma chegadinha no seu palácio?

Uma pessoa que pretende ganhar dinheiro passando os outros para trás não acredita no Poder da Mente. Se acreditasse na existência de uma Força Infinita, que materializa os pensamentos, não usaria qualquer método que vise tirar dos outros ou enganar o próximo.

Ele pensa assim: Vou tirar desse sujeito, senão não possuirei isso aí.

Quem raciocina assim tem a mente pobre, pequena, estreita; acha que só existe uma coisa no mundo e esta coisa infelizmente está nas mãos do outro. Daí que é preciso tirar-lhe.

Mente estreita – realidade estreita.

Pessoa que engana é também enganada, porque o semelhante atrai o semelhante.

Tome a chave certa.

Só a mente positiva pode produzir resultados positivos.

Só a mente correta pode alcançar resultados corretos.

O semelhante atrai o semelhante.

Não se colhem figos de abrolhos – ensinava o Mestre.

Tome a chave certa e evitará dissabores e sofrimentos desnecessários.

"Quando se age levado pelo interesse e pela ambição – escreveu Masaharu Taniguchi – normalmente haverá o fracasso, porque, na maioria das vezes, a pessoa procura obter vantagens através do sacrifício (ou do prejuízo) do próximo. Isto é consequência da "mente que lesa o próximo". Aquele que lesa, será lesado também". ("A Ciência do Bem-Viver").

- Mas – continuará a insistir você – conheço gente que fez dinheiro dando golpe a torto e direito.

Quero que você atente para dois aspectos: em primeiro lugar, ninguém tem condições de julgar ninguém, porque é impossível penetrar a mente da pessoa; portanto, você não pode ter certeza de que o outro enriqueceu passando mentiras ao próximo. Todo o julgamento é falho. Por isso, Jesus disse: "Não julgueis e não sereis julgados".

Não cometa injustiça nos seus julgamentos. Eu mesmo sei de casos em que a pessoa era tida e havida como desonesta e trapaceira e, na verdade, era uma ótima pessoa, que tudo fazia dentro de princípios morais límpidos e cristãos. Lembre-se que o próprio Jesus foi julgado como enganador, endemoniado, beberrão. Em segundo lugar, supondo-se que a pessoa fosse realmente trapaceira, os resultados negativos vêm de muitas formas possíveis, como desprestígio, inimizades, esgotamento, doenças, perda de dinheiro, pobreza, carência, acidentes, ou outros.

Não se trata de castigo. Trata-se do resultado da Lei. A mente negativa atrai realidades negativas, ao passo que a mente positiva atrai realidades positivas.

Tome a chave certa.

Veja o que escreveu Prentice Mulford: "É impossível obter êxito duradouro pela fraude e pelo ardil; pois, estes atrairão fatalmente as fraudes e artimanhas dos outros, e passarão então a tratar com pessoas desonestas, pois estas, em virtude de uma lei natural, se agrupam sempre. Mas, cedo ou tarde, elas se prejudicarão mutuamente de algum modo". ("Nossas Forças Mentais").

Lembre-se que o Bem produz o Bem e o Mal produz o Mal.

Tome a chave certa.

- Qual?

A chave da mente positiva, voltada, com fé, para a realidade material que deseja possuir.

Não diminua a sua grandeza. Você tudo pode. As riquezas do universo lhe pertencem.

Não seja mesquinho. O seu poço interior de riquezas é infinito.

Tenha a mente larga, aberta, grande como o mundo, e você terá o mundo do tamanho da sua mente.

RECONHEÇA A SUA GRANDEZA

Não deixe que os outros diminuam a sua dimensão superior.

Há pessoas que, mesmo com a intenção de ajudar, chamam você de desastrado, sem sorte, desfavorecido, infeliz, morto de fome, desvalido e abandonado. Depois de colocarem você lá nos quintos do inferno, começam a culpar a vida, a humanidade, Deus, a sociedade, e todos os fantasmas da terra pela sua pobreza.

Cometem dois grandes erros: primeiro, não reconhecerem a sua grandeza infinita, a sua dimensão divina, o seu poder criador, a sua força interior. Estão rebaixando você e, ainda, você agradece o elogio. Não, você não é uma traça e nem um ser pequeno e imbecil. A sua inteligência está ligada na Inteligência Infinita. Você tem Deus dentro de si, por isso não é um ser miserável. Você tem o poder criador dos grandes gênios da humanidade. Ninguém é mais do que você. Na verdade, você é o próprio universo, porque carrega a grandeza do universo na sua mente. Não aceite, pois, esses apelidos maldosos. Levante a bandeira divina e deixe-a sempre hasteada na sua mente. Assim, todos reconhecerão que você é um país soberano, maravilhoso, grandioso e rico.

O segundo erro que cometem é culparem o mundo exterior pelas privações que você está sofrendo. Demonstram que desconhecem as Leis universais que regem a humanidade.

Uma das Leis universais é a Lei de Causa e Efeito. Quer dizer que você é o efeito da sua própria causa.

A sua pobreza é efeito da sua mente pobre.

Se você acredita que os outros são a causa da sua pobreza, está dizendo que a sua mente é tão débil, tão insignificante, que é dominada pelos outros, e está dizendo que você é tão vil que nem é capaz de criar as suas próprias condições de vida digna.

Não, não aceite esse menosprezo.

Grite dentro de si que tem a grandeza do próprio Deus.

Avise aos discursadores que você tem um Poder Infinito, capaz de levantá-lo a alturas inimagináveis.

Olhe-se no espelho e, em cada fiapo rasgado de suas roupas, veja fios de ouro. Pelo milagre da fé, seus farrapos se transformarão em vestes principescas.

ESMOLA NÃO LEVA À RIQUEZA

Toda a atitude de carência conduz à carência.

Se você deseja viver de esmolas, não passará de esmoleiro.

E mendigo é alguém que vive no submundo. Esta não é a legítima posição do filho de Deus, que você é.

Dê-se respeito. Não seja esmoleiro e não aceite que alguém chame você de mendigo.

Um dia, ouvi um pregador dizer: "não queremos dar apenas um peixe para matar a fome do pobre; nem apenas ensiná-lo a pescar; queremos também dar-lhe o rio".

Sabe você o que significa isso? Significa chamar você de idiota, incapaz, sem iniciativa.

Não só estão dizendo que querem lhe dar comida, porque você é pior que os animais, pois estes sabem procurar o seu alimento, como estão afirmando que é necessário enfiar-lhe a comida goela abaixo, caso contrário você morre de fome. Dizem que precisam dar-lhe o rio, o anzol e o peixe.

Não aceite diploma de incapacidade. Levante a cabeça. Olhe esse mundo maravilhoso criado por Deus para a sua delícia.

Você tudo pode. Você também, e não só os discursadores.

Esmola, quando muito, pode ser uma situação de emergência, nunca um estado de vida. Não se conforme com a esmola. Saia em busca dos tesouros da riqueza infinita criada por Deus para você. Como escreveu Catherine Ponder: "Há partículas de ouro no ar". ("As Leis Dinâmicas da Prosperidade").

Você é o herdeiro do universo e não um esmolambado na vida.

Levante-se. Sacuda a poeira.

Asseste a sua mira na direção da abundância e ela jorrará para você como impetuosa chuva torrencial.

Crie a prosperidade na mente e ela se expressará no seu dia a dia.

Se você usa somente o que lhe dão, sempre estará faltando.

Se você põe a mão na fonte da riqueza infinita, nunca lhe faltará nada.

A fonte inesgotável da riqueza – como venho afirmando repetidamente – está dentro de si.

Você, com tantas riquezas à sua mão, não merece ser mendigo. Vamos, abra os olhos. Já é tempo. Levante-se e volte para a casa do Pai.

A abundância divina espera por você. Tome um banho salutar, troque de roupas, ponha perfume nos cabelos, inunde de alegria a sua mente, impregne de fé o seu pensamento, e todos verão você passar na rua sentado na limousine dos príncipes. Sim, porque você é filho de Deus, dono do universo. Você é o legítimo herdeiro. Não peça mais nada. Vá buscar através do seu desejo positivo e da sua ação decidida.

Não faça mais como aquela história oriental, que eu li, não recordo onde.

Passava pelas ruas da cidade um príncipe ricamente vestido. De repente, encontrou um mendigo, sujo e esfarrapado. Desceu da carruagem, recolheu o andrajoso, levou-o ao palácio, mandou dar-lhe banho e vesti-lo com as melhores roupas. Alimentou-o bem, deu-lhe dinheiro e despediu-o, devolvendo-lhe o alforje, lavado e limpo.

Alguns anos mais tarde, voltou o príncipe a percorrer as ruas da mesma cidade e encontrou aquele mesmo homem pedindo esmolas.

- Mas, como?! – exclamou o príncipe. – Você tornou a pedir esmolas?!

- É, meu senhor, quando acabou o dinheiro que me deu, só me restou pedir esmolas.

- Mas, e o tesouro que lhe dei?!

- O dinheiro?

- Não, o tesouro.

- Que tesouro? – perguntou o esmoleiro, sem entender nada.

- Quando lhe devolvi o alforje, coloquei dentro dele uma

jóia tão preciosa que, só com o valor dela, você poderia viver na maior riqueza para o resto da vida.

- O senhor colocou?! – espantou-se o homem.

- Claro!

O mendigo abriu afoitamente o alforje e encontrou no fundo a jóia preciosa que o príncipe havia colocado há vinte anos.

O desgraçado era rico, riquíssimo, e não sabia. E vivia na miséria, da caridade alheia.

Todo mendigo está na mesma situação desse coitado da história.

Dentro do alforje da sua mente está a mina inesgotável do maior tesouro do mundo. Basta abrir as mãos e recolher a quantidade que quiser.

Só é pobre quem quiser, ou por engano, como aquele mendigo.

Diz a Bíblia: "Há fracos que procuram ajuda, carentes de bens e ricos de misérias, mas o Senhor os observa com benevolência e os reergue de sua miséria". (Ec 11).

Você agora, mesmo que tenha passado misérias a vida inteira, está entrando no palácio divino da sua mente, onde habita o Pai Celestial, dono do reino; ele reerguerá você do seu estado lastimável.

Agora você está no caminho certo.

Como escreveu James Allen: "Quando o espírito se ergue e assume o comando, os deuses estão prontos para obedecer". ("O Homem É Aquilo Que Pensa").

Assuma, então, o comando da sua dignidade e da sua grandeza. Ponha em ação o Poder Infinito, que existe no seu interior, e vá em frente. Não importa se está começando de uma lata de lixo. Você subirá às alturas das águias.

Gostei do que escreveu Wallace D. Wattles: "Ninguém é mantido na pobreza pela escassez no suprimento das riquezas;

há mais do que o suficiente para todos; um palácio do tamanho do Capitólio, em Washington, poderia ser construído para cada família da Terra com o material de construção existente apenas nos Estados Unidos. E, com o cultivo intensivo, este país poderia produzir lã, algodão, linho e seda bastante para vestir cada pessoa no mundo melhor do que Salomão vestia-se em toda a sua glória. E isto com alimento suficiente para dar de comer a todos com fartura. O suprimento visível é praticamente inexaurível. O invisível é, com toda a certeza, inesgotável." ("Sucesso Financeiro").

Portanto, tenha a certeza de que existe um mundo infinito de riquezas à sua espera.

Não se deixe dominar pelas aparências de pobreza. Mesmo que hoje o seu prato contenha apenas um pedaço de pão, acenda as luzes da sua imaginação e veja um prato dourado com comida em abundância. E assim será, porque ao pensamento segue-se a matéria.

Faça todos os dias, e muitas vezes por dia, a oração da comida abundante, da roupa confortável, da casa aconchegante, do dinheiro jorrado, e Deus lhe concederá tudo isso e muito mais. Basta que você siga a luz que começará a iluminar o seu caminho.

"Se te voltares para o Onipotente, serás reabilitado" – fala a Bíblia. (Jó 22, 23).

Você, na verdade, voltou-se para o Onipotente, que habita o seu íntimo, acreditou na palavra que se transforma em frutos, por isso a sua mesa estará cheia de pratos finos e sua refeição será regada de vinhos saborosos.

Esteja certo de que "o Senhor teu Deus te abençoará em todos os teus frutos, e em todo o trabalho das tuas mãos, e viverás alegre". (Deut 16, 15).

Com essas palavras da Bíblia, aperto a sua mão e abraçoo carinhosamente, porque agora você encontrou o caminho da riqueza. A sua confiança no Senhor da sua mente e o conhecimento da Lei que materializa seus pensamentos e desejos farão de você um filho de Deus maravilhoso, alegre, sadio, rico e cheio de amor. Porque o Poder não o conduz apenas para a riqueza, mas também para a felicidade total.

SE O ESMOLEIRO É O OUTRO

Ainda há pouco eu abordava a esmola do ponto de vista do mendigo. Agora, me parece oportuno e útil enfocar o outro lado. Como afirmei que a esmola é um mal, porque visa manter um estado indigno do ser humano, e como disse que o mendigo é um homem fora do caminho certo, pode parecer-lhe que estou ensinando que você deve desinteressar-se pela situação da mendicância e passar ao largo diante das misérias ambulantes.

É preciso reconhecer que a causa da mendicidade é a ignorância, isto é, o desconhecimento do caminho simples e fácil que leva à riqueza.

Se ninguém ensina o caminho, dificilmente essa gente, que vive no submundo, conseguirá sair desta situação desumana.

Todo o ser humano, portanto, por uma questão de amor e fraternidade, por um senso inato e cultivado de compaixão cristã, é levado a ajudar o pobre a sair da sua pobreza.

- Ajudar como? – perguntará você.

Existe a penúria imediata e os casos urgentes que precisam da sua ajuda a fim de que o desgraçado não morra de frio ou de fome. Mas a sua ajuda correta e eficiente é ensinar, por si ou por outros, ao mendigo o caminho pelo qual sairá dessa desgraça. Você pode cumprir essa missão de misericórdia, por exemplo, contribuindo com os que estão ensinando os pobres, fazendo chegar a eles livros de aprendizagem ou outros métodos de ensinamento, pagando professores ou assistentes sociais que se dedicam diretamente ao mendigo, oferecendo emprego, e por outros meios que sua criatividade encontrará.

Lembre-se de que todo o bem que se faz retorna multiplicado. Esta foi uma Lei ensinada pelo Mestre.

Há um ditado muito verdadeiro que diz que quem dá aos pobres empresta a Deus. Aliás, a Bíblia promulga esta verdade no livro dos Provérbios: "O que se compadece do pobre, dá seu dinheiro a juro ao Senhor, e este lhe tornará com onzena o que lhe tiver emprestado". (Prov 19, 17). Também esta afirmação bíblica confirma a verdade de que todo o bem prestado a outrem retorna multiplicado. Portanto, ao reconhecer esta verdade, inscrita nos umbrais do universo, você terá a compreensão de que o dar não significa perda daquilo que se deu, mas multiplicação desse bem. Agora você entende melhor aquela afirmação de São Francisco: "Porque é dando que se recebe".

Talvez você esteja pensando que vai receber o retorno da esmola na outra vida. Não, não é só lá. Lá em cima você terá as recompensas dos seus méritos. Mas o retorno multiplicado dá-se ainda aqui nesta vida, e de forma material. Portanto, se você dá, por exemplo, dez mil dólares a uma instituição beneficente, ou ferramentas para o mendigo trabalhar, ou emprego para um trabalhador atrapalhado na vida, você terá o pagamento desse investimento com juros, correção monetária e lucros fabulosos. Claro que o pagamento será feito por Deus. Ele é o pagador oficial. Nada passa sem a devida recompensa.

O Mestre Jesus já havia ensinado que até um copo d' água dado a um pequenino não passaria sem recompensa.

Disse Jesus: "Fazei o bem e emprestai sem esperar retribuição. Então, será grande a vossa recompensa e sereis filhos do Altíssimo". (Lc 6, 35 – 36).

Lembre-se: "Dai e dar-se-vos-á".

Toda a vez, portanto, que der uma contribuição ou prestar uma colaboração, faça-o com grande alegria, porque você é o maior beneficiado.

Se der mil dólares a uma instituição filantrópica, abra um largo sorriso e agradeça, desde já, o retorno de dois mil dólares.

Se você dá vinte mil e recebe, em troca, quarenta mil, não é um grande motivo para ficar rindo sozinho? E você vai receber realmente esse valor. Palavra do Mestre.

Pode ficar na expectativa e ligue a antena mental: logo, logo, algum negócio, ou alguma situação lucrativa, ou algum dinheiro extra, vai entrar.

Que maravilha! Assim sendo, não são os outros que devem agradecer-lhe, mas é você que deve agradecer aos outros por lhe darem oportunidade de ganhar mais dinheiro.

EXISTE O MUNDO DAS CONTRADIÇÕES?

Disse-me aquele homem, dono de uma loja de roupas:

- Estou pensando em fechar esta casa. Olha aí na frente. Uma multinacional está abrindo as portas no mesmo ramo. Estou perdido. Vai me botar no bolso.

- No mundo existe lugar para todos – disse-lhe, tentando levantar sua mente.

- Mas, quem sou eu para competir com aquela potência?

- Entre numa floresta. Ao lado das grandes árvores você encontrará pequenas plantas, mimosas e fortes. No meu sítio, plantei uma pequena árvore ao lado de outras já grandes e viçosas. A pequena planta foi crescendo, crescendo, sem se importar com o tamanho gigantesco das demais, e hoje já é uma árvore colossal, forte, coberta de frutos. Plantei flores e as pequenas e frágeis plantinhas vicejaram ao lado das grandes árvores.

Como o sol nasceu para todos, a riqueza também foi criada para todos. Existe um fluxo abundante e interminável, que pode ser aproveitado por grandes e pequenos, pelos que começam hoje e pelos que iniciarão amanhã.

Você vai progredir com aquilo que faz e não com aquilo que os outros não fazem.

Não fique censurando a riqueza ou a grandeza dos outros. Se já são ricos e grandes, graças a Deus. Abençoe-os por terem chegado a uma situação que você deseja para si.

Se você censurar a presença dos grandes ou a riqueza deles, está censurando a sua própria grandeza e riqueza. Este já é o início da sua queda. Porque o seu subconsciente passa a executar em você o conteúdo dos seus pensamentos.

Nunca esqueça a Lei universal de que o semelhante atrai o semelhante: pensamentos de inveja atraem a inveja; pensamentos de raiva atraem a raiva; pensamentos que buscam a queda dos outros atraem a própria queda; pensamentos que abençoam o progresso dos outros atraem bênçãos para o próprio progresso.

Não veja, nos outros, competidores, porque esta é uma visão antiquada e negativa.

No mundo existe de tudo para todos. Ninguém está competindo com você, mas todos estão contribuindo, cada um a seu modo, para o conforto e o bem-estar da humanidade.

Jamais existiria um carro se não existissem as pequenas peças que formam o todo do carro. Portanto, há lugar para todos. E todos são aliados seus e não competidores ou inimigos.

A ordem do universo é a harmonia e a interação.

"A terra está cheia da benignidade do Senhor" – diz a Bíblia. (Sal 33 – 35).

Como a terra está cheia da benignidade do Senhor, tanto você como qualquer pessoa pode abrir as mãos e usufruir dessa inesgotável benignidade.

Não fique olhando com mágoa para o vizinho.

Olhe com fé, com entusiasmo e com alegria, para o seu negócio.

Escreveu Prêntice Mulford: "Não é possível levar avante com êxito nenhum negócio ou empresa se nela não pusermos toda alma, toda a nossa boa vontade, todo o nosso complacente e constante interesse pelo seu progresso e aumento. O amor que sentimos por qualquer negócio nosso e no qual nos ocupamos, desperta, continuamente, nossa inteligência, idéias e planos novos para melhorá-lo e dar-lhe maior incremento. Ninguém conseguirá o menor êxito em qualquer negócio, se não tiver a ideia de que prosperará, representando-o sempre na sua mente cada vez mais desenvolvido e florescente. Aquele que faz qualquer gênero de negócio em pequena escala e se veja a si próprio mentalmente vivendo sempre da mesma forma, miseravelmente como agora, ou pior, pode estar certo de que nunca sairá da sua mediocridade. Pelo contrário, o que mentalmente viver sempre em armazéns ou escritórios confortáveis, mais luxuosos do que o seu, achar-se-á certamente algum dia em situação muito melhor, posto no caminho do seu ideal" ("Nossas Forças Mentais").

Do que disse Mulford, você percebe claramente que o sucesso do seu negócio não depende da competição, pois ele nem se reportou a esse aspecto. Depende, isto sim, de você colocar garra, alma, coração, entusiasmo e muita fé. Depende de você trabalhar com amor no que tem e pensar grande, visualizando seu progresso e crescimento constante.

Se você, nas oito horas que estiver na sua loja, contemplar com despeito a loja do vizinho e olhar com desânimo a sua própria loja, vai acabar fechando.

Mas, ponha na sua cabeça que o poder é igualmente disponível para todos, não importa o ponto de partida, bem como não importa o ponto em que você se encontra agora.

Como a fortuna é um estado de espírito, agora mesmo você está caminhando rumo à fortuna, se a sua mente estiver voltada para essa direção.

Joseph Murphy dizia: "O seu pensamento é o único instrumento com que pode trabalhar, e paga dividendos fabulosos se você dirigir os seus pensamentos sabiamente, de modo construtivo e judicioso. O seu pensamento trabalha com uma exatidão matemática: para a limitação e carência, se você pensar na pobreza; e para a expansão, crescimento e prosperidade, se você pensar nesse sentido". ("O Poder Milagroso de Alcançar Riquezas Infinitas").

Nunca use os seus pensamentos e as suas palavras para vituperar a loja do vizinho, mesmo que seja multinacional e poderosa, porque este amargor tornará a sua vida amarga e pobre; nem use suas palavras para queixar-se dos maus tempos, das dificuldades, da falta de dinheiro, da competição, porque é a mesma coisa que você tirar debaixo de si a escada com a qual está colocando a lâmpada para acender a luz.

O seu subconsciente sempre busca realizar e aumentar a ideia que nele você implanta. Portanto, olhe para o seu negócio com muito entusiasmo. Vibre com o seu empreendimento, ilumine-se com ideias grandes e positivas. Agradeça e abençoe cada peça e cada produto que receber, pois é mais um meio para você servir os outros e receber a sua recompensa.

O entusiasmo é uma força tão poderosa, que conduz você bem rapidamente ao sucesso desejado. Entusiasmo é poder, é luz, é sol, é irradiação, é atração. Ponha entusiasmo no seu empreendimento e jamais você fracassará. Entusiasmo é sinônimo de êxito.

Escreveu Mack R. Douglas: "Quem estiver disposto a se dedicar a um ideal nobre e elevado será poderoso. O poder está lá. É nato. Sempre temos energia para fazer o que gostamos... O aparecimento da energia acompanha a intensidade da determinação". ("Vencer ou Vencer").

O entusiasmo gera energia, energia gera poder, poder gera a vitória, ou seja, o resultado desejado.

Mack Douglas disse, ainda, que os maiores impérios industriais dos Estados Unidos nasceram de uma ideia de um único indivíduo e começaram como empresas pequenas.

Nunca mais pense pequeno e nem se diminua. Sua ideia é o seu poder. Pense grande e será grande.

Se hoje você está no primeiro degrau, festeje o primeiro degrau. E siga dando passos para o segundo degrau. Na verdade, se você está bem-sucedido no primeiro degrau, obrigatoriamente estará escalando o segundo degrau, porque toda ação bem-sucedida é impulso para frente e para cima.

É ignorância pensar em competição num mundo de infinita prodigalidade.

Você é o que é por você mesmo e não por causa dos outros.

O seu mundo exterior é o resultado do seu mundo interior, e não o contrário.

Se a competição fosse a Lei que rege os destinos da humanidade, hoje existiria no mundo apenas uma loja. Nenhuma outra seria maior, senão devoraria esta. Nenhuma outra menor poderia começar, pois também seria devorada. Pode ver que não existe absurdo maior.

Fica claro que estou falando da competição desleal, da competição que visa derrubar o que está embaixo e em cima. É o tipo de competição que não visa promover, mas, sim, despromover os outros. Este não está contribuindo para o bem, mas para o mal, para a destruição. Este tipo de competição é uma desgraça, que atrai para si a desgraça.

Se você é uma empresa grande e poderosa, jamais pense que permanecerá em cima enquanto derrubar a escada dos outros. Nunca aja assim, porque nenhuma ação negativa pode conduzir a resultados positivos.

Não esqueça a Lei: O semelhante atrai o semelhante. O competidor atrai o competidor, o devorador atrai o devorador.

De mais a mais, ninguém pode viver sem ninguém. O progresso do pequeno promoverá o progresso do grande e vice-versa. A riqueza do pequeno acionará a riqueza do grande e vice-versa.

Pode-se falar de competição no bom sentido. Quando significa emulação, ânimo e entusiasmo para o melhor. É o estado mental positivo que leva uma pessoa a se esforçar e a usar o melhor de si para progredir, para avançar nos seus conhecimentos. Este estado interior estimula as descobertas, as invenções, as artes, enfim, impulsiona o progresso da humanidade.

Num jogo de futebol, por exemplo, o jogador que usa a competição no mau sentido, busca destruir o seu colega de posição, ou o time adversário, usando métodos condenáveis, como machucando, quebrando, difamando, impedindo de usar material adequado, indispondo o outro contra a equipe, contra a direção, contra o juiz, contra a imprensa, inventando ondas e coisas do gênero.

O que compete no bom sentido, busca aprimorar o seu futebol, conhecer melhores técnicas, treinar com afinco, encontrar meios para a maior produtividade de sua equipe. O resultado será o seu progresso e a vitória.

A regra básica do comportamento bem-sucedido, no final das contas, é a seguinte: "Faze aos outros o que queres que os outros façam a ti". São palavras de Jesus.

Busque, portanto, especializar-se ao máximo no seu negócio, visualize o seu progresso, acredite no seu sucesso, trate os seus clientes com alegria no rosto e bondade no coração, seja razoável e compreensivo, ofereça o produto certo, desejado pelo cliente, pelo preço justo; fale o que for verdade e o cliente sempre acreditará em você; dê corretamente as informações que foram solicitadas pelo cliente; informe quem tem para vender, se você não tiver no momento; enfim, "faze aos outros o que tu queres que os outros façam a ti".

Wallace escreveu esta outra regra maravilhosa: "Você deve dar a cada homem mais do que tira dele". Ora, se você puder cumprir esta regra de ouro prosperará como nunca.

Dentro deste campo da competição comercial ou industrial, existe uma tendência bastante generalizada, que é a de esconder o leite, isto é, não dar informações sobre o próprio negócio. Entendo que esta é uma forma negativa de encarar as coisas. É como se a pessoa pensasse assim: Não vou deixar que aprenda sobre o meu negócio senão ele vai fazer concorrência e vai me prejudicar. Isto revela pensar negativo.

Só você pode prejudicar você, criando pensamentos negativos, que vão produzir-lhe resultados negativos.

Você progredirá cada vez mais, não enquanto não existirem outras pessoas com o mesmo negócio, mas enquanto sua mente estiver positiva e você visualizar o seu sucesso.

Ninguém derrotará você nos negócios. É você que se derrota, criando esses pesadelos. Se você cria esses monstros na mente, será devorado por eles, porque você é o que pensa.

Tenha a certeza absoluta de que você é um sucesso comercial e está progredindo cada dia mais e mais; e assim será. Porque a Lei infalível é que o pensamento acreditado sempre busca expressar-se no universo.

Emerson, filósofo norte-americano, muito citado em obras sobre o Poder da Mente, escreveu: "Ninguém, a não ser você, pode roubar-lhe o sucesso final".

Não há porque temer. Você é a sua própria certeza do sucesso econômico.

Não são os outros que derrubam você. Siga em frente com muita fé, invocando sempre a orientação divina nos negócios, e você nunca deixará de progredir.

Pode dar as informações solicitadas sobre o seu empreendimento sem medo nenhum. Seu progresso está escrito nas estrelas.

É lógico que você pode ter o direito de cobrar o que for justo pelos ensinamentos que vai ministrar, mesmo porque você investiu uma grande soma em estudos, viagens, cursos, livros, equipamentos e experiências. É por serviços, semelhantes a esse que você vai prestar, que o professor cobra, que o advogado cobra, que o médico cobra, que o cientista cobra. Isso é justo e correto.

O que entendo como condenável é esconder ou impedir o conhecimento dos outros, com medo de que lhe tirarão o pão da boca. Isto é negativismo.

Lembro mais uma vez que riqueza é estado mental. É pela sua mente ligada na riqueza que você vai alcançar a riqueza, e não porque você está num negócio sem similares.

Tudo o que cada pessoa deseja no mundo existe e está à espera dessa pessoa. Portanto, sirva o próximo com amor e alegria, e tenha a firme convicção inabalável de que a riqueza material, mentalizada por você, vem vindo na sua direção. Pela mesma Lei. Pelo mesmo princípio.

Você é a sua riqueza. Acredite nisso.

Quando você conseguir absorver esse modo positivo de pensar e de ver o mundo, sentirá a vida sempre a seu favor.

Você se tornará mais leve, mais solto, mais saudável, e encontrará tempo para se realizar mais plenamente na vida.

Faça assim. Vale a pena.

A alegria de viver será o seu próprio reino dos céus.

O poeta e pensador Carlyle disse que "a fortuna de um homem é a porção de coisas que ele ama e abençoa e pelas quais ele é amado e abençoado".

Ame e abençoe a si mesmo, seu empreendimento, a humanidade, o mundo, e você será amado e abençoado na face da terra.

COMO PAGAR AS DÍVIDAS QUE SUFOCAM VOCÊ

Um dos maiores desesperos de muitas pessoas é, sem dúvida, quando afundam em dívidas sem fim. Parecem ter-se metido num beco sem saída. Assemelham-se a uma ilha cercada de dívidas por todos os lados.

Conheci pessoas que se sentiram tão amassadas pelo volume das dívidas que até se suicidaram.

Se você está endividado, abençoe este pedaço de papel porque aqui está a sua salvação.

- Então, diga-me logo como posso sair desse mar de dívidas em que estou afundando? – perguntará você ansiosamente.

A resposta é simples:

- Pagando as dívidas.

- Que bela piada! – resmungará você, virando a cara.

Não, não é piada e nem gozação.

Só há uma maneira de sair corretamente das dívidas: pagando-as.

- Eu sei – berrará você – mas, quero que diga como posso pagar minhas dívidas, que são maiores do que tudo o que possuo e ganho. Como posso pagar, entendeu?

Acalme-se. Entendi tudo desde o começo. Se estou dizendo que você sairá das dívidas pagando-as, é porque eu sei que você tem todas as condições de saldar os compromissos vencidos. Na verdade, você é muito mais rico do que as dívidas. Infinitamente mais rico. O pior é que não sabe disso.

- Muito mais rico uma ova! – xingará você, que não dorme há vinte dias por causa dos credores.

Meu amigo, Deus não habita o seu íntimo? E Deus não é a fonte de todas as riquezas? E Deus não é a resposta do seu pedido?

Pronto, aí está o caminho da sua redenção financeira.

Ao invés de afundar numa depressão, que pode levá-lo ao sanatório, piorando mais ainda a situação, você deve, como primeiro passo, saber que a fonte de todas as riquezas está dentro de si. Não estou querendo iludir você. Não estou querendo tapar o sol com a peneira. Estou procurando dizer-lhe uma verdade mais clara que a luz do sol. Mais verdadeira do que a sua vida.

Para que você não pense que estou doido, vou citar-lhe Darwin P. Kingsley: "Você tem poderes com os quais jamais se julgou capaz. Não há limitações ao que você pode fazer, exceto as limitações, em sua mente, sobre o que você não pode fazer. Não pense que não pode. Pense que pode". ("Lute Pelo Sucesso", de Everett T. Suters).

Todos os grandes milionários, que sofreram reveses, tornaram a subir graças à força do seu pensamento.

A verdade é que você pode, se pensa que pode.

O dinheiro com o qual você pagará suas dívidas, e progredirá cada vez mais, está na sua mente.

Qualquer pensamento – mesmo a imagem mental de um cheque de milhões de dólares – tende a materializar-se. Volto a repetir Andersen: "Primeiro o pensamento, depois o objeto, assim é a Lei".

O pensamento, portanto, produz o objeto.

E para que você acabe definitivamente com as dúvidas e incredulidade, vou citar-lhe aquele Mestre no qual você tanto acredita. Disse Jesus: "Tudo quanto suplicardes e pedirdes, crede que recebestes, e assim será para vós". (Mt 11, 24). Entendeu? Aí está o mapa da mina. Mais do que isso, a mente é a própria mina. Deus, que é o Poder Infinito, providenciará para que tudo o que você precisa ou deseja lhe venha às mãos. Como ensina a Bíblia: "Ele dá a todos a vida, a respiração e todas as coisas". (Atos 17, 25).

Viu bem? "E todas as coisas". E todas as coisas.

Dentre as coisas que Deus lhe dará – como resposta ao seu pedido – constam todas as promissórias, as duplicatas, os cheques descobertos, enfim, as dívidas, sejam elas quais forem.

Jesus falou claro: "Tudo quanto pedirdes... assim será para vós". Tudo, portanto inclua o pagamento de todas as dívidas e mais um volume imenso de riquezas para o seu conforto e bem-estar.

O primeiro pensamento que você deve ter na mente é este: O desejo e a decisão irresistíveis de pagar tudo o que deve. Somente o certo produzirá a multiplicação do certo. E o certo é você pagar àqueles aos quais está devendo. Assim como você quer que os outros lhe paguem o que devem, da mesma forma você deve pagar aos outros o que a eles deve.

E pague com alegria, pois se verificará em você a Lei de que é dando que se recebe.

Acredite que o Bem que você faz aos outros retorna a você multiplicado. Portanto, não mantenha sentimentos de perda, de carência, de empobrecimento ao pagar as dívidas, mas sentimentos de abundância, de retorno, de multiplicação.

Não faça como aquela piada:

- Meu filho, nunca devemos enganar os nossos semelhantes.

- Olha, pai, agora eu não entendo o senhor. Como é que cada vez que aparecem os seus credores aqui para cobrarem as contas o senhor manda dizer que não está em casa?

- É que os credores não são nossos semelhantes.

Não faça assim, porque, nesse caso, a sua mente está negativa, carente.

Por que é que uma pessoa não paga as dívidas? Ou porque não tem dinheiro para tal ou porque precisa do dinheiro para outras necessidades. Esses dois tipos de pensamento, como você percebe, são negativos e pessimistas. Se assim você pensar, assim será, e nunca sairá das dificuldades. Porque o pensamento realiza-se a si mesmo.

Claro, pode existir um terceiro motivo, mas recuso-me a admiti-lo em você: não querer pagar por mera calotice. Lembre-se que a calotice atrai a calotice. Porque, nesta vida, todo ato se paga a si mesmo. O que você dá, recebe de volta. É a Lei universal do retorno, da qual ninguém escapa.

Buda já se referia a essa Lei, quando ensinou: "Eu sou o resultado de meus próprios atos, herdeiro de meus atos; os atos são a matriz que me trouxe; os atos são meu parentesco; os atos recaem sobre mim; qualquer ato que eu realize, bom ou mau, eu dele herdarei". ("O Pensamento Vivo de Buda").

Os atos recaem sobre mim – falou Buda.

Quinhentos anos depois de Buda, vem o Mestre Jesus e fala a mesma linguagem: "Com a medida com que medirdes, ser-vos-eis medidos". (Mt 7, 3).

Diga resolutamente aos credores que você pagará tudo com a maior alegria.

Lembro-me de um tópico da vida do senhor Honda, criador e fundador da fábrica Honda de motos e de outros equipamentos. Este homem começou do nada. Quando criança, na sua casa não havia nem luz elétrica. Mas, o rapaz era apaixonado por máquinas. Foi desenvolvendo sua capacidade e criatividade em oficinas existentes. Até o dia em que começou a dar os passos por si mesmo, na sua própria oficina. Sofreu diversos reveses, inclusive a destruição de suas oficinas por um terremoto violento. Mas, chegou o tempo em que sua fabricação de motos estava no apogeu. Os Estados Unidos eram clientes cada vez maiores. De repente, os negócios começaram a paralisar e a indústria ia de mal a pior, com um volume de dívidas cada vez mais elevado. Seu sócio estava desanimado e nem aparecia mais. Um belo dia, Honda foi consultar uma vidente e esta disse que a sua situação iria piorar cada vez mais e que teriam que fechar as portas.

No caminho para casa, Honda tomou uma decisão. Chamou o seu sócio e, com os olhos brilhando de coragem, disse-lhe mais ou menos isso: "Tenho uma notícia sensacional. Consultei uma vidente e ela disse que os negócios melhorarão em seguida, que pagaremos logo as dívidas e seremos os maiores vendedores de motos do mundo".

O sócio acreditou naquelas palavras, encheu-se de entusiasmo, e ambos começaram a batalhar dia e noite nos seus projetos, que já estavam até empoeirados. Resultado: voltaram os bons tempos, pagaram todas as dívidas e enriqueceram como nunca.

Nada mais do que algumas palavras fizeram uma fortuna incalculável.

Você não é menos do que ninguém. Cada palavra positiva da sua mente carrega em si o poder realizador divino.

Ao invés de imaginar-se arruinado, no meio de um montão de sucatas, acenda a sua imaginação positiva, visualize a sua grandeza econômica e financeira, e siga por essa trilha de luz. Juro que você subirá tão rápido quanto um foguete espacial.

- Impulsionado a quê? – perguntará você, já reanimado.

- Impulsionado pelo maior explosivo do mundo: A fé.

Agora que você sabe que toda a riqueza dos ricos nasceu na mente deles e nasce também na sua mente, e agora que você deseja pagar com alegria e justeza as suas dívidas, resta-lhe apenas pôr as mãos na fonte do tesouro e distribuí-lo aos que deve pagar.

Daqui para frente, levante a cabeça, ilumine o seu rosto, vista-se com capricho e cuidado, tenha os cabelos e a barba em ordem, e vá para o seu trabalho como quem vai para uma mina de ouro abundante.

Receba com ânimo, boa vontade, atenção e entusiasmo, seus credores e todos os seus clientes e pense que vai dar tudo certo, porque Deus é seu sócio.

Mas, realmente reconheça Deus como seu sócio; concentre-se algumas vezes por dia para ouvir as orientações deste grande sócio, e ele vai conduzi-lo pelos caminhos iluminados e prósperos da riqueza sem fim.

Nunca mais se deixe dominar pelo pessimismo, ou pelo medo, e muito menos pelo desânimo. Nem sequer permita que esses pensamentos entrem na sua cabeça. Se entrarem, não brigue contra eles; simplesmente troque de pensamentos imediatamente. Troque de pensamentos em seguida, ouviu?

Os pensamentos negativos são os demônios da pobreza que querem enganar você. Ligue-se em Deus, seu sócio. Deus é o Poder Infinito, que mergulhará você num oceano de riqueza e de bem-estar.

A própria Bíblia ensina esta grande verdade: “Recomenda a Deus as tuas tarefas, e teus projetos irão se realizar”. (Prov 16).

Ocupe a sua mente em projetos maravilhosos e grandiosos, visualizando o dinheiro que jorra para você, enquanto atende com gratidão todos os seus credores, para pagar-lhes o que lhes é devido.

A cada amanhecer, levante com ânimo e incendiado pela fé de que, nesse dia, graças à orientação divina, seus negócios irão maravilhosamente bem.

"Recomenda a Deus as tuas tarefas, e teus projetos irão se realizar".

Leia livros sobre o Poder da Mente, pois eles serão uma força positiva e benéfica para você.

Faça a prece da riqueza à noite, ao deitar-se, e adormeça mergulhado na riqueza infinita que está jorrando para você. De manhã, logo que acorda, volte a meditar na abundância divina que continua a jorrar sobre você e imagine que está sentado numa escrivaninha de luxo e pagando, pagando, pagando, com um sorriso nos lábios e com o charuto da prosperidade fumegando na mente. Todos saem do seu escritório alegres, cumprimentando você, agradecendo-lhe e abençoando os seus negócios.

Para gravar mais fundo essa imagem de riqueza e prosperidade, aconselho-o a mentalizar o meu CD "O Poder da Riqueza".

Busque encher a sua mente com todas as imagens e ideias positivas possíveis e imaginárias.

Durante todo o dia, desde o levantar, ao tomar banho, ao ir para o serviço, durante os principais momentos de atividade, ao retornar para casa, sempre, sempre, tenha a sua mente ligada na riqueza, na abundância, na prosperidade. Não como uma obsessão ansiosa, mas como uma jaculatória de poder divino. Assim como ensinou o Mestre: "Pedi e recebereis... porque todo aquele que pede recebe". (Mt 7-7-12).

Mentalize jaculatórias ou mantras como esses: A riqueza

infinita agora está jorrando para mim como uma chuva torrencial – Deus é o meu sócio e nós dois estamos prosperando sempre mais e mais – Em nome de Jesus e, pelo poder do Pai, que habita o meu íntimo, todas as contas estão sendo pagas corretamente – Riqueza e sucesso, riqueza e sucesso – Deus está em mim, por isso as riquezas de Deus estão jorrando para mim – Todas as contas já estão divinamente pagas. Obrigado, meu Deus! – Eu sou rico e poderoso, porque a fonte de riqueza divina está em mim – O dinheiro está se multiplicando em minhas mãos e todas as contas estão sendo pagas divinamente – Eu sou filho de Deus e, como filho de Deus, sou feliz, saudável e rico – Graças a Deus, meus negócios estão melhorando cada dia mais e mais – Abençoo de todo coração meus credores, porque estão me fazendo progredir muito mais agora – Entrego a Deus as contas de hoje. Ele me dá o dinheiro e eu assino os cheques – Desejo sinceramente que as riquezas do universo se expressem em mim em tal profusão que todas as contas estão divinamente pagas e eu vivo na abundância – Estou atraindo negócios e negociantes grandiosos, interessados, justos e ótimos pagadores, por isso, obrigado, obrigado.

Com esses e outros pensamentos criativos e cheios de riqueza, esteja certo de que sua situação está solucionada e já está se tornando um dos mais prósperos e abençoados homens de sua terra.

(volte a ler o capítulo todo e assinale, neste espaço em branco, as afirmações que lhe causaram maior impacto positivo).

CAPÍTULO 2

Os Passos Da Riqueza

"Pedi e recebereis... porque todo aquele que pede recebe". (Jesus)

Nas jornadas que realizo sobre o Poder da Mente, coloco os dez passos para qualquer pessoa alcançar todo objetivo desejado, inclusive a riqueza.

São muitos os que procuram a riqueza, poucos os que conseguem. E não é por falta de riqueza. Esta existe em abundância infinita.

Busquei sintetizar em dez itens a visão global de como se deve pensar e agir para que as riquezas venham à pessoa, num fluxo permanente, como os rios correm para o mar.

Como diz aquele ditado popular, já que Maomé não vai à montanha, a montanha vai a Maomé. Com isso, quero dizer que não é você que deve correr desesperadamente atrás da riqueza, mas a riqueza é que deve fluir naturalmente para você.

Jesus, em outras palavras, ensinou a mesma coisa, dizendo que você não deve servir às riquezas, mas as riquezas é que devem servir a você.

PRIMEIRO PASSO:
TUDO O QUE VOCÊ QUER EXISTE

Antes de tudo, você deve saber que tudo o que você deseja existe. Nunca você, que conhece o poder interior, cruzará os braços, alegando que não há nenhuma possibilidade de alcançar o que precisa ou deseja.

Aquele que lhe deu o poder de desejar, antes disso já criou a realização do seu desejo, caso contrário a vida humana seria uma frustração total e Deus seria sádico ou incompetente. Sádico, se lhe desse o poder de criar o desejo e não lhe desse o poder de realizar esse desejo, só para ver você sofrer diante desta frustração; incompetente, se lhe desse o poder de criar o desejo e, depois, não soubesse como fazer para que você alcance o resultado do desejo. Nenhuma destas situações pertence a Deus. Tudo o que Deus faz, o faz com absoluta sabedoria e total perfeição. Portanto, tenha a certeza de que tudo o que você pode desejar ou precisar, existe e está esperando por você.

Se existe e está esperando por você, já é seu e de mais ninguém. Não é preciso tirar o que é dos outros para que você adquira o que está desejando e precisando. Assim como o que é dos outros é dos outros, o que é seu é seu e não é dos outros. Está entendendo?

Nunca se preocupe de onde virá o que você está desejando e como chegará a você. Parvo de sabedoria é aquele que pensa que, se está desejando um carro como o do vizinho, é o carro do vizinho que deve ser seu. Pode até ser. Mas não obrigatoriamente.

Se você adorou o carro do vizinho, mentalize um carro como o dele. Se ele deseja vender o carro, pode até ir oferecê-lo. Se ele não pensa em se desfazer do carro, a Sabedoria Infinita, que você está invocando, que sabe tudo sobre tudo e sobre todos, sabe como você alcançará o carro e fará com que isto aconteça.

Mas, acima de tudo, tenha a convicção absoluta de que tudo o que você deseja ou precisa existe e já é seu. Está, por assim dizer, no depósito universal à sua espera.

Se você acha que não pode ser assim, verifique quantas coisas que hoje você já possui e, há dez anos achava completamente impossível.

Compreenda que Jesus ensinou uma grande verdade ao dizer que tudo é possível àquele que crer. Tudo é tudo mesmo, inclusive os seus desejos. E para as pessoas que continuavam incrédulas, Jesus afirmou que o que é impossível aos homens é possível a Deus, a esse Deus que habita o seu interior, que é o Pai Celestial da sua mente, que é o Poder Infinito do seu subconsciente. Portanto, para você não existe o impossível.

Elimine agora todo pensamento derrotista e negativo. Você tudo pode. Tudo mesmo. Esta é uma verdade esférica. Acredite.

SEGUNDO PASSO: TODAS AS COISAS LHE SÃO DADAS DE ACORDO COM SEU PENSAMENTO

O pensamento é criação da mente consciente e se expressa através da mente subconsciente.

A mente consciente age e o subconsciente reage de acordo, realizando o conteúdo do pensamento. Esta é a Lei da mente.

O pensamento, nas suas mais variadas formas, como ideia, desejo, crença, imaginação, prece, mantra, anseio, inspiração, medo, sentimento, aciona o Poder Infinito, imanente no subconsciente, que o executa.

É por isso que todos os grandes pensadores da mente são unânimes em afirmar que todos nós somos o resultado dos nossos pensamentos acreditados, tanto positivos como negativos.

O pensamento sempre busca expressar-se no universo. É uma energia tão poderosa que atrai a sua própria materialização.

Todos os grandes mestres da mente e todos os grandes espiritualistas do mundo concordam com esta verdade.

Assim como você pensa, assim é; o que você pensa é o que possui.

Por esta razão, coloquei o passo de que todas as coisas lhe são dadas de acordo com o seu pensamento.

Ninguém é rico por sorte e ninguém é pobre por azar. Cada pessoa é o que são os seus pensamentos.

Se você vive uma vida de privações, de dificuldades, de pobreza, não culpe Deus, as pessoas, a vida, o mundo; você é a sua própria causa.

Assim, se você mentaliza uma casa, atrai uma casa; se mentaliza um ranchinho de sapé, atrai um ranchinho; se mentaliza desemprego, viverá desempregado; se mentaliza um belo emprego, onde se realizará plenamente com ótima remuneração, assim será.

Você colhe o que semeia na mente. Esse é o caminho. Essa é a Lei.

Diz a Bíblia: "E minha oração foi ouvida, tu me salvaste da ruína, livraste-me do tempo mau". (Ec 51, 11).

Buda disse: "O que somos hoje e o que seremos amanhã depende de nossos pensamentos". ("O pensamento vivo de Buda").

Veja o que escreveu Joseph Murphy, autor de muitos livros sobre o Poder da Mente: "À medida que você for compreendendo tranquilamente, com amor e sentimento, que os seus pensamentos de riqueza, sucesso, prosperidade e saúde criam todas essas condições, sobre as quais você focaliza a sua atenção, você estará automaticamente criando todas as condições necessárias para o seu progresso. Além disso, você verá que atrai cada vez mais pessoas, que se tornarão clientes, fregueses, amigos e sócios, e que o ajudarão a realizar os seus sonhos. Você subconscientemente atrairá para si os homens e mulheres que vivem na consciência das riquezas de Deus". ("O Poder Milagroso de Alcançar Riquezas Infinitas").

Para completar, devo dizer que você nem sequer consegue evitar que os seus pensamentos enraizados aconteçam na sua vida.

O mapa da mina, portanto, é usar a mente só para criar pensamentos positivos e a sua vida será largamente abençoada.

TERCEIRO PASSO: CRIE NA SUA MENTE O QUE VOCÊ QUER QUE ACONTEÇA

Não basta saber que o pensamento é uma realidade mental que se torna realidade física. Até aí não muda nada. Não basta saber que a água mata a sede. O simples conhecimento dessa lei não mata a sua sede.

É preciso, isto sim, que você crie na mente a realidade que você deseja que se expresse no seu mundo.

O mundo material é o resultado do mundo mental. Até mesmo este imenso mundo de Deus é resultado da mente divina.

O seu mundo material também é e será sempre o resultado da sua mente, por isso, mentalize com fé aquilo que deseja para si. E assim será.

É a realização da Lei de que o semelhante atrai o semelhante.

Pensamento de emprego atrai o emprego, pensamento de geladeira atrai a geladeira, pensamento de casa atrai a casa; pensamento de viagem atrai a viagem desejada.

O mundo mental produz o mundo material.

Mentalize com fé e alegria as coisas que deseja possuir e elas virão a você.

Você deve ser dono de seu destino, criando mentalmente o mundo que deseja que se expresse no seu universo material.

Pense grande e será grande; pense coisas grandes e atrairá coisas grandes.

QUARTO PASSO: MENTALIZE O QUE QUER E NÃO O QUE NÃO QUER

Existem muitas pessoas que vivem ocupando a mente apenas para pensarem o que não querem.

Se eu lhes pergunto:

- O que é que você quer alcançar?

Respondem:

- Olha, eu não quero ser infeliz, não quero ser tímido, não quero viver apenas com salário mínimo, não quero passar necessidades...

Peço que, daqui para frente, você faça as suas orações e mentalizações em forma de afirmação positiva. Diga o que deseja e não o que não deseja.

Existem, na verdade, duas formas de orar: a positiva e a negativa.

São duas maneiras válidas e usuais. Mas, não lhe recomendo orações de conteúdo negativo e sofrido, porque lhe criarão imagens negativas e sofridas. Busque expressar-se de maneira positiva, direta, dizendo claramente o que quer alcançar e imagine como já tendo alcançado. Assim ensinou Jesus.

O simples exercício de formar na mente o conteúdo positivo da sua mentalização é altamente benéfico, porque obriga você a saber com precisão o que deseja. E isto é essencial para que alcance.

Por exemplo, se você está passando fome, não ore para não passar mais fome, mas peça diretamente o pão de cada dia, como ensinou Jesus no Pai Nosso.

QUINTO PASSO:
ESPECIFIQUE NA MENTE O QUE DESEJA

O grande mal que empobrece a humanidade é que não são muitas as pessoas que sabem o que querem.

Sem saber o que quer, sua mente ficará à deriva.

Quem não planta, não colhe.

O que é que você deseja alcançar atualmente?

Responda agora mesmo. Não gagueje.

Saiba o que deseja conseguir. Especifique. Crie, com detalhes, esta imagem na sua mente. Vibre de alegria. Mantenha vívida na mente, com fé, essa imagem. Agradeça desde já. E assim é e assim será.

Lembro-me agora de uma piada, que costumo contar ao abordar este assunto, em palestras sobre a riqueza: um colégio de irmãs tinha duas papagaias. Ao invés de ensinarem as papagaias a dizerem besteiras, como faz tanta gente por aí, as Irmãs ensinaram as papagaias a rezar o terço. Tempos depois, o vigário daquela paróquia ganhou de presente um papagaio. Como não tinha tempo de cuidar do bichinho, devido às suas inúmeras atividades fora de casa, resolveu oferecer o papagaio às Irmãs do Colégio. Pegou o papagaio e foi falar com a Superiora do colégio, que concordou imediatamente e disse:

- Pois não, vamos colocar agora mesmo o papagaio junto com as duas papagaias.

Quando a papagaia viu o papagaio, disse para a companheira:

"Pode parar de rezar o terço, que a minha graça eu já consegui".

Veja só, até a papagaia já sabia bem direitinho o que queria.

Especifique na sua mente o que deseja alcançar. Não se preocupe como é que vai acontecer. Esta é a parte de Deus. Faça a sua parte e Deus fará a dele, que é dar. Ao Poder Infinito e à Sabedoria Infinita do seu subconsciente pertence encontrar os meios, o caminho, a maneira para que esse bem venha a você. Os caminhos são incontáveis.

Na sua mente consciente não ocorrerá nem uma milésima parte das possibilidades. Não precisa imaginar, portanto, como o carro virá a você, ou como conseguirá a casa. Mentalize o carro, a casa, como já sendo seus. E assim será.

SEXTO PASSO: PEÇA AQUILO QUE DESEJA ARDENTEMENTE

Ponha na lista de seus pedidos tudo o que deseja realmente, com vontade de ferro. Peça o que deseja ardentemente.

Não tem nenhuma força interior um pedido vago, indefinido, que você nem tem certeza se deseja ou não. Pedido assim é como o caso daquela senhora que fazia um café tão fraco, mas tão fraco, que não tinha força nem de sair do bule.

Se você hoje mentaliza uma viagem à Europa, amanhã já

não quer mais viajar, depois de amanhã se entusiasma de novo com a viagem, assim nesse vai—vém não é possível.

Se você toca o seu cavalo para frente, depois para trás, depois para frente, em seguida para trás, acaba não saindo do mesmo lugar.

Peça quando o seu pedido for acionado por uma premente necessidade ou por um imenso prazer. Neste caso, seu pedido é denso de energia e busca rapidamente a concretização.

SÉTIMO PASSO: MENTALIZE REPETIDAMENTE

Agora, comece a usar os melhores métodos para imprimir com força irresistível a sua mensagem no subconsciente.

Lembre-se que tudo o que o seu subconsciente aceita como verdadeiro, executa. Esse é o princípio mental do Poder Interior.

Um método simples e infalível de gravar poderosamente o pedido no subconsciente é a repetição.

Jesus foi um dos que disseram que este método nunca falha, ao afirmar:

"Batei, batei, e abrir-se-vos-á". Portanto, não pode falhar.

Aliás, a sabedoria popular também comprova a veracidade dessa afirmação. Há um ditado que diz assim: "Até uma mentira repetida muitas vezes se torna verdade".

Existe um outro axioma da sabedoria humana, que também confirma esta verdade. "Água mole em pedra dura tanto bate até que fura".

E para que você se convença de que, se mentaliza o que quer alcançar, e insiste, e repete, e continua, e persiste, sempre obtém, vou citar-lhe mais uma sábia verdade do conhecimento dos grandes mestres: “Quem espera sempre alcança”.

O apóstolo Paulo também proclamou esta verdade, numa de suas cartas.

Toda a pessoa que acredita que receberá, receberá. Por mais difícil ou impossível que seja, receberá.

- Como devo fazer? – pergunta agora você.

Crie uma frase, ou um pensamento, ou uma imagem, ou uma oração, ou uma jaculatória, ou uma palavra, que signifique exatamente o conteúdo do seu pedido, e repita muitas vezes ao dia. De tanto você repetir, acaba acreditando nesta realidade, o que é ótimo; além disso, de tanto repetir, você impregna o seu subconsciente com essa mensagem. O subconsciente, saturado dessa verdade, realiza-a imediatamente.

Faça assim. Você alcançará, sem dúvida nenhuma. Mesmo que a sua fé seja hesitante. Sim, você conseguirá.

OITAVO PASSO: MENTALIZE EM NÍVEL ALFA

Quanto mais fortemente você grava o seu pedido no subconsciente, mais rapidamente acontecerá.

Não existe método mais poderoso para imprimir definitivamente uma mensagem no subconsciente do que descer ao nível alfa, através do relax, e, nesse nível, mentalizar o seu desejo.

- Nível alfa? O que é isso? – indagará curiosamente você.

Nível alfa é um estado mental profundo, positivo, saudável, forte, poderoso, harmonioso, no qual se abrem os canais de comunicação com o Poder Infinito, que está no seu subconsciente.

Quando você está em contato direto com o Poder Infinito, o pedido é sempre atendido.

"Pedi e recebereis, porque todo aquele que pede recebe" – disse Jesus.

Você alcança o nível alfa pelo relax, pela calma, pela meditação, pela oração, pela concentração, pela contemplação, pela paz interior. Uma música suave e um ambiente silencioso ajudam, sobremaneira, a atingir esse estado alterado de consciência.

Nível alfa é o mesmo que " estado de oração" a que se referiu, certa vez, Jesus, quando ensinou: "Tudo o que pedirdes ao Pai, em estado de oração, crendo, alcançareis".

Quando você está em nível alfa, seu cérebro pulsa numa média de catorze a dez ciclos por segundo. Através de aparelhos especiais, pode-se saber se uma pessoa está em alfa.

Tudo o que você mentaliza em estado de oração, isto é, em nível alfa, acreditando que receberá, alcançará. Esta é uma verdade irretorquível, revelada pelo Mestre e confirmada por todos os cientistas da mente.

Quando você está em nível alfa, desaparecem as distâncias entre você e o Deus todo-poderoso que habita o seu interior, de tal forma que o seu pensamento chega ao Alto e sempre tem a resposta.

Mentalize algumas vezes por dia em alfa e você verá, com alegria, a realização do seu próprio milagre.

NONO PASSO: VOCÊ ALCANÇARÁ NO TEMPO CERTO

Uma das coisas que mais atormenta as pessoas que precisam alcançar algum objetivo é o medo de não serem atendidas no momento certo.

Mentalizam, pedem, imploram, e ficam apavoradas só de

pensar que não receberão até o dia que necessitam. Por exemplo: se tem uma dívida para pagar no dia trinta do mês tal, e falta o dinheiro, você ora, pede o valor, implora, mentaliza, visualiza-se assinando o cheque e pagando, mas, à medida que vai se aproximando a data, você entra em pânico. Entrar em pânico significa falta de fé, e falta de fé significa que você não acredita que irá receber essa quantia no prazo desejado. Como os pensamentos acreditados, bons ou ruins, favoráveis ou prejudiciais, se realizam, vai acontecer o resultado negativo da sua mentalização.

Agora preste atenção. Não se atemorize quanto ao tempo. Vai acontecer na hora certa, porque Deus nunca falha e nem atrasa.

Se o dia está se aproximando e você ainda não recebeu o dinheiro, continue feliz, calmo, cheio de fé, porque o tesouro de Deus é infinito e jorra em profusão. Não duvide. Vai acontecer. Continue mentalizando e agradecendo. Não permita que entrem dúvidas e medos na sua cabeça. Retome de imediato a mentalização, acalme-se, e mantenha na mente o pensamento positivo.

Se o seu filho tivesse uma dívida para pagar e lhe pedisse dinheiro para tal – sendo que você tem dinheiro a botar fora – negar-se-ia a atender o seu filho? E como pode imaginar que Deus não o atenda?

- Qual é o pai – disse Jesus – que, tendo o filho pedido um peixe, lhe dará uma serpente?... Se vós, que sois maus, sabeis dar coisas boas aos vossos filhos, quanto mais vosso Pai Celestial dará coisa boa a todos os que lha pedirem.

Portanto, vai acontecer na hora certa.

Um dia, um caboclo me disse: "Óia, quando Deus atrasa, ele vem pelo ataio, o sinhô sabia?"

Eis aí uma sabedoria transcendental. Aprenda com o caboclo e pare de tremer.

Tudo vai acontecer no tempo certo.

Diz a Bíblia: "Fazei a vossa obra antes do tempo fixado, e no dia fixado ele vos dará a vossa recompensa". (Ec 51).

DÉCIMO PASSO: POR FIM, AGRADEÇA

Se vai acontecer tudo direitinho, na hora certa, só lhe resta agradecer o Poder Divino, o Pai Celestial, a Presença Infinita, a Força Superior.

O método de agradecer todo o pedido, logo depois de formulado mentalmente, é maravilhoso, oportuno e importante, porque o agradecimento é um poderoso reforço à sua fé. Cada vez que você agradece antecipadamente, está se conscientizando que assim é e assim será.

Tudo o que você cria na mente já passou a existir. É uma realidade mental tão verdadeira quanto a realidade física. Portanto, o agradecimento está dentro da lógica correta. Como toda a realidade mental encerra em si mesma a realidade física, o seu agradecimento pela obtenção da realidade física tem fundamento objetivo.

Peça e agradeça.

Além do mais, o seu gesto de agradecimento revela sensibilidade interior, bondade, reconhecimento da existência de um Poder Maravilhoso, pelo qual se torna grato e feliz.

A mais linda oração de agradecimento antecipado, que eu conheço, foi proferida por Jesus. Quando ele chegou na cidadezinha de Betânia, perto de Jerusalém, foram-lhe ao encontro Marta e Maria, chorando a morte de seu irmão Lázaro. Jesus também chorou, tão grande era o amor que o unia a Lázaro. Pediu que o levassem à sepultura do falecido.

Naquele tempo, as pessoas ricas tinham a sepultura cavada na rocha e fechada por uma grande pedra. Jesus mandou que retirassem a pedra.

Ali estava Lázaro morto, sepultado há quatro dias, e Jesus, diante dele, fez a seguinte oração: "Graças te dou, ó Pai, porque me atendeste; bem sabia eu que sempre me atendes, mas por causa do povo em derredor é que o disse, para que tenham fé que tu me enviaste". (Jo 11, 42).

"Graças te dou, ó Pai, porque me atendeste" – disse Jesus. É que ele ia ressuscitar Lázaro; como, para Jesus, o seu pensamento já significava a própria realidade, nada mais fez do que agradecer a ressurreição que se tinha processado, por enquanto, apenas na mente. Para Jesus, a fé já era a certeza absoluta da própria realidade. Só depois desta prece de agradecimento pela ressurreição de seu amigo é que ele se voltou para Lázaro e falou com voz forte: "Lázaro, vem para fora!".

E Lázaro voltou a si da morte, para sua alegria e para a alegria de todos.

Assim deve fazer você também. Peça e já agradeça por ter recebido. E receberá.

(volte a ler o capítulo todo e assinale, neste espaço em branco, as afirmações que lhe causaram maior impacto positivo).

CAPÍTULO 3

Fracasso É Impulso Para Frente

> *"Se te voltares para o Onipotente, serás reabilitado". (Bíblia)*

Eu sei que você pode estar de cama, sem forças, abalado profundamente por um grande fracasso.

- Quando eu fracassei no meu negócio – disse-me um senhor – não tinha mais coragem nem de caminhar na rua. Vivia escondido de Deus e de todo mundo. E aí minha situação piorava cada dia mais.

Um dia, fui visitar a loja de um homem que havia falido. A desgraça era tanta que os ratos saíam dos armários com lágrimas nos olhos.

Um outro homem sentiu-se tão desgraçado com o seu fracasso que se atirou no mar, para afogar-se.

Foi salvo por um marinheiro, que o deitou na praia, exclamando, todo satisfeito:

- O senhor deve-me a vida.

- Ah, meu Deus! Mais uma dívida! – exclamou o homem, apavorado.

Certo dia, um homem que havia fracassado totalmente nos seus negócios e devia uma vela para cada santo, chegou-se para um amigo e disse:

- Posso confiar em você?

- Pode confiar em mim.

- Olha, estou falido. Preciso de cem mil reais.

- Pode confiar em mim. Não contarei a ninguém.

Estas piadas são para levantar o seu humor. Mesmo que você esteja na pior, mesmo que os outros fechem as portas para você, quero dizer-lhe que, na verdade, o fracasso não existe. Você está olhando pelo lado oposto do binóculo. Ao invés de enxergar tudo grande à sua frente, vê tudo pequenino, diminuído, encolhendo cada vez mais.

Vamos, mude a sua mente agora mesmo.

O fracasso e a derrota não existem a não ser para quem tem a mente ligada no fracasso e na derrota. Portanto, se você fracassou, este resultado se deu pelo poder da mente em estado negativo. Ainda bem, porque, ligando a sua mente no sucesso, caminhará rapidamente para o sucesso.

A primeira coisa que deve fazer é desligar os pensamentos que lhe causaram essa desgraça.

LIMPE A SUA MENTE

Se a causa do fracasso está na mente, o primeiro passo é mandar para os quintos dos infernos todos os pensamentos negativos que provocaram esse revés.

A eterna expectativa do fracasso atrai o fracasso. Pode ser

que você seja uma pessoa que sempre espera o pior. Existem pessoas que parecem ter doses de negativismo no próprio sangue.

Conheci um amigo, que sempre me dizia:

- Não adianta, eu sou pé frio!

Não, ninguém no mundo é azarado, a não ser que crie o azar na própria mente. A má sorte não se abate sobre você; é você que a cria.

Os seus negócios e os resultados dos seus negócios são fruto do conteúdo dos seus pensamentos. Mesmo que você seja trabalhador, diligente, batalhador, animado, se você mentaliza todos os dias o azar, o fracasso, é isso que vai colher.

Para quem tem a mente positiva, tudo o que acontece durante o dia, mesmo que possa parecer situação difícil ou revés, é caminho aberto para o progresso.

Não existem, portanto, dificuldades, nem azar, nem derrotas, para quem tem fé no seu empreendimento. Tudo é impulso para frente. Todos os acontecimentos são bênçãos positivas, que fortalecem a confiança no próprio Poder Interior.

O goleador é visto e elogiado pelos gols que fez e não pelos chutes que errou. Cada chute fora do alvo é um estímulo poderoso para levá-lo a acertar no gol.

Também, uma das causas do fracasso é olhar os outros com inveja. A inveja é pensamento negativo de incapacidade. Você inveja o progresso do outro porque acha que não pode conseguir o mesmo. Se acha que não pode conseguir, não conseguirá. Lembre-se sempre que você atrai para si as realidades dos seus pensamentos. Se pensa que não consegue, não consegue; se pensa que consegue, consegue. Portanto, quem inveja é ignorante. Desconhece o seu próprio poder.

Não há razão de invejar, por dois motivos: primeiro, porque você pode conseguir o que os outros conseguiram; segundo, porque existe no universo tudo o que você criar na sua mente através do desejo. Daí que nunca pense em obter algo tirando dos outros. Essa é uma falsa concepção do mundo.

Ao mentalizar algo que viu de bom nos outros, não peça aquilo que o outro tem, especificamente, mas peça aquilo que está desenhado na sua mente, isto é, um produto semelhante ao do outro. Entendeu?

Mais uma causa de fracasso é viver censurando o progresso dos outros, criticando, caluniando, querendo derrubar os que estão na frente. Neste caso, estará atraindo para si o resultado dos seus desejos, isto é, a desgraça.

O semelhante atrai o semelhante, é a Lei.

Abençoe a riqueza e o progresso dos outros; assim, estará abençoando e produzindo a própria riqueza e progresso.

O semelhante atrai o semelhante.

Outro motivo de fracasso é viver se lastimando. Tem gente que vive se queixando de que os tempos estão bicudos, de que a maré não está para peixe, de que a recessão está demais, de que ninguém o procura, de que o estão perseguindo, de que o mundo está virando, de que os negócios vão de mal a pior, de que os empregados não prestam, assim por diante.

Se você planta lamentações o que é que vai colher?

- Lamentações.

Pois, então, aprenda, enquanto é tempo, que cada árvore só produz o fruto que lhe é peculiar.

Essa verdade o próprio Jesus a ensinara tão sabiamente: "Cada árvore se conhece pelo seu fruto peculiar, pois, não se colhem figos de abrolhos e nem se vindimam uvas dos espinheiros" (Lc 6, 43-45).

Os males só existem na mente. Mude de pensamento agora mesmo.

"Quem deseja a paz da alma – disse Buda – deve arrancar

de sua ferida a flecha do desgosto, da queixa, da lamentação".

Nunca mais se prenda a um modo de pensar que só lhe trouxe dissabores e fracasso.

Sua mente deve ocupar agora uma nova casa. Não me refiro a mudar-se para outro lugar, quero dizer que você deve viver numa nova casa mental, onde seu negócios vão de vento em popa, os ventos estão soprando a seu favor, as pessoas colaboram para o seu progresso e o mundo vai cada vez melhor.

Você não pode ocupar, ao mesmo tempo, a casa antiga e fracassada e a nova casa mental. Mude-se neste instante. E a partir de agora, nesta nova casa mental tudo estará dando certo.

Deixe-me citar mais uma causa de fracasso: seu desinteresse pelo negócio.

Como poderá você progredir se está desinteressado, ou seja, se a sua mente estiver longe do seu trabalho?

A Bíblia diz, com muita sabedoria: "Onde está o teu tesouro, aí também está o teu coração". (Mt 6, 19-24).

Nunca fuja do seu negócio. O fujão nunca vence e o vencedor nunca é fujão.

Pode ser que você não goste do que faz porque não está no seu lugar certo. Como pode, por exemplo, uma pessoa ser bem-sucedida em medicina se a sua paixão é a agricultura? Seu coração, sua mente, seu interesse e seu entusiasmo estão na agricultura. Volte-se, então, para a agricultura e estará indo a favor da correnteza e a favor do sucesso. Nesta atividade é que se sentirá bem e produzirá mais.

"Onde está o teu tesouro aí está o teu coração".

Procure a atividade que gosta, para a qual tem pendor, mas saiba que a riqueza jorra da mente positiva aberta para riqueza.

Existe ainda mais esta causa de fracasso: é não ter meta

nenhuma, não ter ideal, esbanjar sem prover mentalmente.

Dizem que um esbanjador foi queixar-se ao filósofo Sócrates, dizendo-lhe que não tinha dinheiro.

Ao quê, respondeu Sócrates:

- Se queres possuí-lo, faze um empréstimo a ti mesmo e paga-o cortando as tuas despesas.

É bom lembrar que a riqueza é resultado da fé na riqueza. Se, ao gastar mais do que ganha no momento, vai criar-lhe o medo de não poder cobrir os gastos, não faça isso, porque estará gastando e, ao mesmo tempo, fechando a tampa da riqueza.

Sua mente nunca pode desligar-se da certeza do sucesso e da abundância.

Abra as comportas da mente e a riqueza jorrará como um rio impetuoso para você, inundando de bens o seu mundo.

Napoleão Hill chegou a escrever o seguinte: "Quando as riquezas começam a vir, vêm com tal rapidez, em tal abundância, que a gente se pergunta onde se escondiam durante todos aqueles anos estéreis". ("Pense e Enriqueça").

AGORA QUEIRA O SUCESSO

Começo este capítulo citando Andersen, autor de diversos livros sobre o Poder da Mente. Veja o que escreveu: "Um homem pode ter na mente todo o conhecimento que existe nas bibliotecas, mas, se não tiver pensamentos positivos, não conseguirá nada na vida, senão fracasso. Ele não quer fracasso. Quem quer? Quem deseja ficar doente? Pobre? Solitário? Malsucedido?

Um homem, talvez, até reconheça que o seu próprio pensamento negativo está atraindo circunstâncias negativas para si, entretanto, apesar de seus esforços, parece preso a um hábito de pensar que não o larga. Talvez lute durante horas, e até mesmo dias, por desvencilhar-se de todo estado depressivo, afastar a mente de ideias negativas; então, de repente, alguma coisa, geralmente uma pequena coisa, o bebê que chora, a torneira que pinga, uma palavra brusca, o perturba e ele se rende à morbidez e aos hábitos de negativismo, como o alcoólatra crônico que retornasse a beber depois de um período de abstinência. Ele se entrega à futilidade, parecendo até apreciá-la. Sente uma certa satisfação masoquista em dizer a si mesmo que o mundo todo está contra ele, que ninguém gosta dele, que nunca teve uma oportunidade, que o destino conspira diariamente para pregar-lhe peças sujas. Sente uma dor nas costas; volta a ter indigestão; sente dores de cabeça, devido à tensão; os nervos não o deixam dormir; torna-se sobressaltado e irritado com os amigos e companheiros. E fica ocupado, muito ocupado, atraindo as coisas que diz que não quer" ("Três Palavras Mágicas").

Fiz esta longa citação do mestre Andersen porque descreve o rio do fracasso desde a nascente até a desembocadura.

Você, naturalmente, não deseja o fracasso, mas, se os seus pensamentos fluírem nessa direção, que espera colher?

Antes de tudo, quero dizer-lhe sinceramente que é bem mais fácil do que você imagina libertar-se das desgraças do passado e alcançar, desde já, uma nova vida de sucessos sem fim.

Inicialmente, jogue fora da sua mente o passado negativo. Jogue fora de verdade.

Jogou fora?

Muito bem, agora não relembre mais o passado, porque ele não existe, pois o jogou fora.

Daqui para frente, sua mente estará sempre ocupada em criar, elaborar e executar o seu novo projeto de prosperidade. Esta será a sua única verdade.

Sempre que o passado pretender arrombar a sua janela,

sem se preocupar com isso, encha a sua casa mental com pensamentos maravilhosos de sucesso, de abundância e de prosperidade.

Persista nesse projeto mental teimosamente.

Resista. Seja forte mentalmente.

Napoleão Hill já dizia que o hábito da persistência é um seguro contra o fracasso.

Muitas fortunas não teriam sido destruídas se a pessoa tivesse resistido mais alguns minutos.

Prossiga. A tempestade acalmará.

Não existe fracasso e nem derrotas, a não ser que você os aceite.

É como diz o gaúcho: Não está morto quem peleia.

Às vezes, a tentação de desistir se torna mais forte precisamente quando estão se abrindo as portas da vitória.

Resista. Seja forte.

A resistência é o sucesso.

Você está a um passo do êxito. Força. Vamos mais um pouco.

Goethe, o famoso escritor alemão, escreveu. "Aquele que não se move para frente, vai para trás".

Mova-se agora para frente e você estará mais perto da sua meta.

Mesmo que o túnel seja escuro, ele é o caminho mais curto para chegar a uma melhor posição.

Para quem tem a mente voltada irresistivelmente para o sucesso, todos os acontecimentos o conduzirão ao sucesso.

Confie o seu negócio a Deus, Poder e Sabedoria Infinitos, imanentes em você, e pode estar certo de que você está progredindo, aconteça o que acontecer.

Lembre-se que Deus é seu sócio. Ele não quererá perder. Nem você perderá. A não ser que perca, primeiro, a sua fé.

Tenha fé inabalável.
E resista.
Prossiga.
Persista.
Mas, sem ansiedades, sem medos, sem sofrimentos.
Você está sendo conduzido divinamente.
Tenha a mente alegre e positiva.
Você é um vencedor. Acredite.

DE FATO, NÃO EXISTE O FRACASSO.

Se você fosse desalojado de sua casa, retornasse ao campo, de onde viera, e lá, em pouco tempo alcançasse uma fortuna invejável, chamaria o despejo de sua casa de fracasso ou de sorte?

Se você descesse até o último degrau da escada da sua empresa e, aprendendo as lições, tomasse o caminho certo da prosperidade e da riqueza, chamaria essa descida de fracasso?

Se você fosse demitido da empresa e, com isso, encontrasse outra colocação muito mais rendosa, chamaria a demissão de fracasso?

Se você perdesse as eleições para deputado federal e, assim, tivesse oportunidade de se candidatar para governador, e ganhasse, chamaria a perda da eleição para deputado como fracasso?

Meu querido amigo, não existe o fracasso.

Para todo aquele que se deixa guiar pela Sabedoria Infinita, que habita o seu subconsciente, todos os caminhos levam para cima, para a meta, para os objetivos maiores. Mesmo aqueles que parecem conduzi-lo ao caminho oposto.

Antes de prosseguir no assunto, quero trazer alguns dados de um dos homens mais famosos do mundo: Abraham Lincoln. Em 1831, fracassou nos negócios; em 1832, foi derrotado para a legislatura; em 1833, novamente fracassou nos negócios; em 1834, foi eleito para a legislatura; em 1835, a noiva morreu; em 1836 teve esgotamento nervoso; em 1838, foi derrotado como orador; em 1843, foi derrotado para o Congresso; em 1845, foi eleito para o Congresso; em 1848, foi derrotado para o Congresso; em 1855, foi derrotado para o Senado; em 1856, foi derrotado para vice-presidente; em 1858, foi derrotado para o Senado; em 1860, foi eleito Presidente dos Estado Unidos da América.

Aí está um homem que, na verdade, nunca foi derrotado porque nunca desistiu. Todos os passos foram se encaminhando para o objetivo último, a Presidência dos Estados Unidos.

Um dos mais grandiosos e ofuscantes astros de Hollywood foi, sem dúvida, o famoso artista Clark Gable. Começou a vida, numa fazenda, ordenhando vacas, dando comida aos porcos, amontoando feno, arando milho, coisas que detestava. Aos quinze anos, teve contato com atores de uma companhia e conseguiu trabalho de bastidor: avisava os atores, em seus camarins, quando deviam entrar no palco, pregava botões, nos trajes, recolhia a roupa suja e ajudava em tudo o que podia. Durante dois anos, trabalhando assim, não ganhou nada além de experiência. Quando sua madrasta faleceu, viu-se obrigado a ir trabalhar com o pai nos campos de petróleo de Oklahoma. Lá ficou até atingir a maioridade, quando se decidiu a voltar ao teatro, que era seu sonho. Empregou-se numa Companhia de terceira classe. Em 1922, a Companhia não conseguiu sair de Butte, Montana, devido a uma grande tempestade de neve. Lá ficou barrado, sem dinheiro e cheio de dívidas e desilusões. Na manhã seguinte, Clark, de bolsos vazios, sapatos furados, calça remendada, gelado e com fome, foi até a estação a fim de remeter um telegrama ao pai, dizendo que voltaria para casa se ele lhe mandasse dinheiro para o retorno. Com o telegrama na mão, parou hesitante. Nestas palavras estaria selada a sua sorte. Deixou-se ficar parado, pensando, alheio à neve que caía. Devia desistir de seus sonhos?

Por fim, rasgou o telegrama, viajou escondido num vagão do trem, uniu-se à outra Companhia teatral, que também faliu. Depois de anos de lutas, chegou a Hollywood, dormindo em albergues, comendo em restaurantes de baixa categoria, assediando diretores de elencos dos estúdios para um emprego qualquer; isso durante meses e meses, anos e anos. Apesar de tudo, Clark Gable tornou-se rico e famoso, como poucos astros do cinema mundial.

Que teria acontecido com ele se tivesse desistido diante dos fracassos e dificuldades?

Existe o fracasso?

Não; quem fala em fracasso tem uma visão errada dos acontecimentos.

Todo o retrocesso deve obedecer à lei da alavanca: é sempre o impulso para um lance mais alto. Muitas vezes, se não houver essa puxada para trás, não haverá impulso mais rápido para frente.

Veja sempre o fracasso ou a derrota como impulso para um esforço maior e para resultados mais elevados ainda.

Howard E. Hill escreveu, com rara sabedoria: "Não importa a intensidade da queda, o que conta é a altura do ressalto". ("Para Enriquecer Pense como um Milionário").

O grande industrial Henry Ford, que também passou por uma série de reveses na sua indústria automobilística, disse que "a vida é uma série de experiências, cada uma das quais nos faz maiores, embora, às vezes, seja difícil compreender isso. Isto porque o mundo foi construído para desenvolver o caráter e temos de aprender que os reveses e sofrimentos porque passamos ajudam-nos em nossa marcha para frente". ("Lute Pelo Sucesso", de Everett Suters).

Todas as experiências da vida nos fazem maiores. A menos que nos deixemos abater. Mas, isto nunca acontecerá com você, porque, na sua escuridão, sempre haverá o jato de luz que o guiará para fora do túnel, onde encontrará a vida mais clara, mais bonita, mais ensolarada.

Até mesmo as adversidades carregam em si a semente de um benefício equivalente ao tamanho da adversidade ou ainda maior. Isso já escrevera Napoleão Hill, numa de suas obras.

Nunca tenha pensamentos de inferioridade, diante de qualquer situação.

Você é filho de Deus e um filho de Deus não é pequeno, nem inferior e nem pobre.

Não baixe a cabeça. Quem baixa a cabeça é aquele animal que você conhece.

Você não é animal. Foi feito à imagem e semelhança de Deus.

Levante a cabeça e olhe o céu. As estrelas são a sua visão maior.

Engate a sua mente nas estrelas e siga em frente como um cometa de luz e de sucesso. Ilumine-se a si mesmo e estará iluminando e embelezando o mundo.

Lembre-se que você é tão grande quanto a sua convicção.

Você recebe sempre o que tem certeza que vai receber. Portanto, você é o seu próprio limite.

Quem pensa em fracasso é ignorante.

Todos os acontecimentos – como sempre afirmo nas palestras – são degraus infalíveis na sua escalada do sucesso.

Não existe queda para quem conhece o Poder da Mente. Só existe a lei da alavanca: Quanto maior for o empurrão para baixo, maior será o impulso pra cima. Abençoe, pois, todos os acontecimentos do seu dia, porque eles estão conduzindo você ao melhor.

Sua fé deve ir além do fenômeno. Sua fé seja tão lúcida que vê, como única realidade, a realidade dos seus pensamentos positivos, dos seus desejos veementes, dos seus sonhos criativos e fortes.

E a Lei fará com que a realidade mental se materialize.

Siga em frente. Força. Coragem. Ânimo.

Sorria para a vida, porque você está encontrando o caminho mais curto do seu sucesso maior.

Seja alegre e positivo.

O sucesso está aí. Abra os braços para recebê-lo com festa.

Parabéns a você. Você é grande porque sua mente é grande.

ATÉ A MACUMBA TORNA VOCÊ MAIS PODEROSO E RICO

Que prejuízo maior recebem, na vida, aqueles que acreditam na macumba do que aqueles que têm pensamentos negativos?

A macumba, em si mesma, não tem força nenhuma. Se não conseguir produzir pensamentos e emoções de medo, de desgraça, de prejuízo, de sofrimento, naquele para o qual é dirigida – também não terá efeito nenhum. Portanto, a macumba não tem poder nenhum. Quem tem poder são os pensamentos de uma pessoa em relação à macumba.

Até aqui não há novidade nenhuma debaixo do sol.

Você é o que são os seus pensamentos. Acontece na sua vida aquilo que você pensa e no qual acredita.

Se você pensa e acredita que a macumba vai prejudicar você, será prejudicado, não por algum poder maléfico da macumba, mas pelo poder do seu pensamento. É por isso que, para alguns, macumba, despachos, trabalhos maléficos, pragas, pegam. E, para outros, não pegam.

Como escreveu Eliphas Levy: "O pensamento humano cria aquilo que ele pensa".

Se você tivesse aprendido, desde pequeno, que, sempre que colocassem um embrulho contendo uma vela, uma garrafa de cachaça e um galo, significaria que a sorte e a riqueza estão batendo nessa casa, no dia em que isso acontecesse na porta da sua casa, você logo iria pensar: "Que bom! Daqui para frente eu terei muita sorte e serei cada vez mais rico!"

E assim iria acontecer, não por causa dos objetos alinhados na porta da sua casa, mas pelo efeito dos pensamento que daí decorreram.

Ponha na sua cabeça que os efeitos maléficos que possam estar acontecendo na sua vida são sempre resultado de pensamentos errados.

Prentice Mulford escreveu: "A expectativa constante do infortúnio, do desastre, da má sorte, da desventura, é a maneira mais ruinosa de utilizar as forças do espírito e é também o caminho mais certo e inevitável para a miséria." ("Nossas Forças Mentais").

Muitos querem dizer que a macumba produz resultados maléficos porque, depois que lhes fizeram isso, eles começaram a ir mal e adoecer. Ora, nem esse argumento fica fora do que venho afirmando. Sempre que uma pessoa acredita que, por qualquer razão, vai acontecer-lhe o mal, acontece-lhe o mal, pela simples razão de estar mantendo o pensamento acreditado no mal.

"O pensamento humano cria aquilo que pensa".

O semelhante atrai o semelhante – é a velha Lei mental.

Para quem não acredita mesmo em macumba, bruxarias, pragas e coisas que tais, é impossível acontecer-lhe o mal.

O mal é fruto do pensamento negativo da pessoa pensante.

A própria expectativa da desgraça promove a desgraça. Assim como a expectativa do fracasso produz o fracasso.

Segundo estudos realizados pela Universidade de Manchester, a principal causa dos fracassos é a expectativa do fracasso. Por outro lado, a expectativa do sucesso atrai o sucesso.

Napoleão Hill disse que "o subconsciente traduzirá para o equivalente físico os impulsos de pensamento de natureza negativa ou destrutiva, com a mesma prontidão com que agirá sobre os impulsos de natureza positiva ou construtiva. Isso explica o estranho fenômeno que milhões de pessoas experimentam e ao qual se referem como "má sorte" ou "azar"". ("Pense e Enriqueça").

Se, como é verdade, o subconsciente traduz para a realidade física os impulsos de pensamento de natureza positiva e construtiva, seja isso que ocupe a sua mente.

Lembre-se que a sugestão é uma energia irresistível e fantástica, tanto para construir quanto para destruir. Ainda que mal comparando, é como a energia atômica, que pode transformar-se numa bomba destruidora, como pode acionar usinas e produzir benefícios incalculáveis.

Ponha na sua mente que não há nada bloqueando o seu caminho, a não ser a sua falsa crença naquilo que não tem poder. Esta falsa crença, na realidade, impede que suas energias positivas possam vir em seu apoio para dar-lhe alegrias, saúde, amor e prosperidade.

Preste atenção: o mal só tem a força que você dá. Se não der nenhuma força, não terá nenhum poder.

Agora, limpe a sua mente e encha-a de pensamentos benéficos, positivos, progressistas, e o seu Poder Interior transformará esses pensamentos em realidade física.

Sua vida começa a mudar a partir de agora. Receba aqui o conselho de Harold Sherman: "Se sua tendência, leitor, tem sido a de culpar as outras pessoas, e forças que lhe sejam externas, pelo que tem acontecido, ou se tiver atribuído tudo à "má sorte", ponha de lado essas atitudes mentais negativas e tome posse de si mesmo, resolvendo mudar todo o seu ponto de vista dentro de pouco tempo. Isso pode ser feito". ("A Chave da Felicidade").

Vou dar-lhe dois motivos insuperáveis para você nunca mais ter medo de macumba e de irradiações negativas de outras pessoas.

Todos os seres humanos são iguais. Não existe pessoa mais forte ou mais fraca, na sua essência humano-divina. Portanto, o poder das outras pessoas termina onde começa o seu poder.

Imagine você: se tivesse poder sobre o outro, o outro sobre o outro, este outro sobre você, assim por diante, ninguém mais seria ninguém e todos seriam joguetes de todo mundo. Ora, este não seria o mundo de Deus, porque no mundo de Deus há ordem e harmonia.

Mas, não é assim. Cada um é responsável por si mesmo e tem o poder maior sobre si mesmo. É por isso que afirmo categoricamente que só atinge você o mal que deseja ou aceita. E você aceita quando tem medo, quando acredita, quando se deixa influenciar. Neste caso, é você mesmo que está criando o mal em si. E ele prejudicará você pelo poder que você tem sobre si mesmo.

É o princípio de que todo pensamento acreditado se realiza.

Outra consideração importante é saber que Deus habita o seu interior. Se Deus está com você, e em você, fica mais fácil concluir que você e Deus são a força mais poderosa do universo, contra a qual nada e nem ninguém pode.

Diz a Bíblia, através de Jó: “Se te voltares para o Onipotente, serás reabilitado”. (Jó 22, 23).

Quando as coisas vão mal é sinal que você precisa voltar-se de imediato para o Onipotente, que habita o seu secreto interior. Ele é a sua força todo-poderosa.

Para reforçar a sua certeza da proteção divina, veja o que diz, ainda, a Bíblia: “Se Deus é por nós, quem será contra nós?” (Romanos, 8, 31).

Claro que Deus é por nós. Portanto, ninguém tem poder sobre nós.

Só você tem poder sobre você. E quem receber de você esse poder.

O apóstolo Paulo, na sua segunda carta a Timóteo, escreveu: “Porque Deus não nos deu um espírito de covardia, mas de poder, de amor e de moderação.” (Tim 1,7).

Nada de covardia, meu amigo. Reconheça a sua grandeza e o seu poder.

Vá em frente com a coragem dos vencedores. Você tudo pode. Ninguém é mais do que você.

Tenha fé inabalável na Presença Divina, que habita o seu íntimo.

Confie.

“O que espera no Senhor é ditoso” – diz a Bíblia (Prov. 16, 25).

Se você confia em Deus, que é a sua Força Infinita, é feliz, porque se sentirá sempre protegido e guiado divinamente.

Veja novamente o que lhe diz a Bíblia: “Ninguém lançará mão de ti, para te fazer mal”. (Atos 18, 10).

Ninguém tem poder maléfico sobre você. Invoque ele o que quiser, esbarrará diante da espada divina, que protege você.

Quando for assaltado por pensamentos e emoções de medo, sugiro que diga muitas vezes, silenciosamente, esta prece de proteção e força, emanada da Bíblia:

"Nenhum mal chegará perto de ti, nem a desgraça baterá à tua porta; Pois o senhor deu uma ordem aos seus anjos, para em todos os caminhos te guardarem". (Sl 90).

Agora tenho certeza de que você descobriu onde está a sua força: em si mesmo. Como esse poder está em você, também não adianta mandar fazer trabalhos para espantar os seus fracassos e insucessos. Se a maior força do mundo, que é Deus, está em você, é em você mesmo que há de buscar a energia infinita, que romperá as dificuldades e abrirá caminho para a sua vitória econômica e financeira. Isso você consegue através da sua prece cheia de fé na reabilitação, no sucesso, na prosperidade.

Faça assim e comece a festejar, desde logo, a sua ascensão econômica.

"Batei e abrir-se-vos-á" – ensinou o Mestre.

Sim, abrir-se-á de par em par a porta que está fechada. Abrir-se-á para que entre o vencedor, o vitorioso, o forte, o poderoso: você.

Entre agora mesmo pela porta do sucesso.

E abençoe as dádivas divinas que jorrarão para você.

(volte a ler o capítulo todo e assinale, neste espaço em branco, as afirmações que lhe causaram maior impacto positivo).

CAPÍTULO 4

O Trabalho: Fonte De Evolução, Prazer E Saúde

"Tudo o que quereis que os homens vos façam, fazei-o também a eles". (Jesus)

Sei que o trabalho deu o que pensar e o que falar ao longo dos tempos. Criou ideologias, suscitou revoluções, encheu bibliotecas e continua na boca de sábios e ignorantes, de ricos e pobres, de pessoas que fazem alguma coisa e de pessoas que não fazem nada.

Esqueça tudo isso agora. Venha comigo. Vamos passar à outra margem, à nova margem, onde se situa um reino maravilhoso.

Atravessamos.

Aqui deste lado, apresente o passaporte, em que consta sua filiação divina e o direito de viver nesse reino.

Todos reconhecem que você é filho do Rei, portanto herdeiro do mundo imenso e grandioso que está diante de si. Este mundo lhe é entregue solenemente, para você dominar e presidir. (Cf. Bíblia. Gn 1, 26-27).

Pronto, pare de se considerar infeliz, miserável, marginal, sem tranco nem barranco. Você está entrando no seu reino maravilhoso e vai contribuir para torná-lo ainda melhor.

Aqui está o significado da palavra trabalho: contribuir na construção de um mundo cada vez melhor.

Veja bem que não estou dizendo que vai trabalhar para enriquecer. Volto a repetir que a fonte da riqueza está na mente. O trabalho é a ação do ser humano para se expressar na vida, para se realizar em todas as dimensões e para tornar o mundo melhor.

A toda ação consideramos trabalho. Tanto ação mental quanto física.

Como o ser humano é um ser em movimento, em evolução contínua, o trabalho é uma condição essencial da criatura humana. Alimentar-se é trabalho, vestir-se é trabalho, caminhar é trabalho, cumprimentar é trabalho, inventar é trabalho, imaginar é trabalho, capinar é trabalho, dirigir carro é trabalho, jogar futebol é trabalho, escalar montanhas é trabalho, toda ação é trabalho.

Todo o trabalho, porém, deve ser motivo de realização pessoal e de prazer. E todo o trabalho está dirigido no sentido de melhorar o mundo.

Antes de tudo, goste do que você faz. Não só porque o trabalho é um bem em si mesmo, mas porque lhe faz bem.

Escolha o trabalho para o qual você tem inclinação e no qual você se sente bem. Neste caso, ele lhe será fonte permanente de prazer. Quando você faz aquilo para o qual se sente atraído, sente prazer. Assim, você vai indo a favor da correnteza e não se esgotará. Você já viu um divertimento esgotar alguém e colocá-lo numa clínica psiquiátrica?

É por isso que há pessoas que trabalham cinco horas por dia e entram em estresse profundo, enquanto outras trabalham mais de dez horas diárias e estão em plena forma.

Marque a sua presença neste mundo realizando seus dons. Mereça o mundo bom que os outros estão construindo para você, dando a sua contribuição positiva e benéfica.

O seu trabalho há de produzir uma evolução positiva da mente, do corpo e do mundo material.

E a recompensa virá. Porque é dando que se recebe.

GOSTE DAQUILO QUE FAZ

Começo lembrando Dale Carnegie: "Uma quantidade extremamente elevada de nossas preocupações e tensões ocultas advêm do fato de que milhões de pessoas jamais se encontraram e nunca descobriram o tipo de trabalho que gostariam de fazer. Em vez disso, ardem de raiva internamente porque passam a vida fazendo um trabalho que desprezam". (citado no livro "Vencer Ou Vencer").

Mais uma vez sugiro que você faça aquilo para o qual sente inclinação e gosto. Não importa se agora você está num trabalho ou emprego que detesta. Comece, desde já, a ver as coisas boas dessa atividade. Curta o lado bom desse trabalho e mentalize que a Sabedoria Infinita, imanente em seu subconsciente, conduza você para o trabalho tal e tal que gosta e no qual quer dar alegremente tudo de si. E assim será.

Mas, faça bem o que está fazendo agora. Tenha ânimo. Tudo o que de bom está recebendo por ele, e aprendendo nele, lhe trará tantas vantagens e benefícios que você nem pode imaginar.

Todos os caminhos levarão você ao melhor, se assim acredita.

Não vejo que proveito lhe possa trazer o fato de se revoltar com o que está fazendo ou amaldiçoar a sociedade, por se sentir escravizado e mal remunerado. Isto revela mente inferior, que não reconhece a própria grandeza e autonomia. Julga-se tão pequeno que pensa que os outros podem explorá-lo. Quem age assim, parte de um pressuposto errado: pensa que os outros são seres superiores, dos quais não pode livrar-se.

Mente inferior, revoltada, impregnada de maldição, atrai sobre si o conteúdo negativo dessa bomba.

- Então – perguntará, inquieto, você – devo me submeter a um trabalho escravizante?

Só existe uma pessoa no mundo que tem poder sobre você: você mesmo. Portanto, se você está passando necessidades ou num emprego desumano, é porque sua mente está condicionada a isso. Cada um colhe o que semeia. Deus não vem pegar você pelo pescoço e mandar assumir a própria dignidade e grandeza. Se assim fizesse, estaria tirando a sua liberdade de ser o que quiser e de escolher a sua vida.

Se você está vivendo num submundo, os outros são apenas instrumento da sua ordem mental. Ao invés de xingar e bradar contra os céus, brade contra a sua própria ignorância.

Levante a cabeça, reconheça a sua grandeza humana, a sua dimensão divina, e escolha a posição em que melhor pode se expressar neste universo de Deus.

Diante de situações indignas existentes no mundo do trabalho, os reformadores bradam por mudanças sociais. Mas, o que se exige é mudança mental, pois, ocorrida esta, todas as demais mudanças inevitavelmente se sucederão.

Veja o que escreveu Lourenço Prado: "Se fordes mentalmente fraco, permanecereis num ambiente inferior, porque não tereis forças para sair dele, e gastareis vossas forças para resistir à adversidade.

Por mais submerso que estiverdes, podereis despertar as vossas forças internas, exercer vossa própria supremacia sobre vossos pensamentos, e, produzindo vossos próprios pensamentos superiores, podereis elevar-vos gradualmente acima dessas condições, não levando muito tempo para alcançardes tanto a vossa emancipação como a compensação de um lugar melhor na vida. Este é o único método ordeiro de alcançardes a liberdade, a qual será permanente. É também o único método para chegardes a um maior ganho e a melhores condições". ("Equilíbrio e Recompensa").

Desperte agora as suas forças superiores, mentalizando uma colocação melhor, onde você possa realizar-se plenamente na vida e dar o seu melhor quinhão para a construção deste mundo.

Existe um lugar ao sol para você. Promova um encontro com as suas próprias qualidades e dons e busque trabalhar dentro deste mundo maravilhoso existente em você. Ninguém está barrando o seu caminho.

Um filho de Deus não é escravo. É livre para assumir a sua legítima posição no mundo.

Se você está fazendo o que gosta, continue. Esse é o seu caminho. Mesmo que não esteja sendo recompensado devidamente, vá por esse caminho, porque ele lhe traz satisfações. Também lhe trará obrigatoriamente a retribuição devida. Nesta vida, nada fica sem a devida paga, para quem sabe usar o poder infinito, que tudo lhe alcança. Ainda que esteja numa situação inferior, esta não é criada pelo trabalho, mas sim por sua mentalidade inferior.

Acho oportuno o que escreveu Vernon Howard: "Ninguém deve sentir-se mal, se a auto-observação revelar que esteja, no momento, em nível inferior. Ao contrário, devemos folgar com isso, pois apenas tal descoberta possibilita o soerguimento. É o tolo que imagina nada ter a aprender... Não existem coisa tais como bom e mau, superior ou inferior. Não achamos uma criança de cinco anos inferior a outra de dez. Compreenderemos simplesmente que todos se acham em plano diferente de percepção e consciência". ("O Poder Cósmico do Homem").

O que ele quer dizer, em resumo, é que você deve encarar tudo positivamente, como degraus na sua evolução para um estágio superior na vida. Uma pessoa que esteja ainda no patamar infantil, mesmo que tenha quarenta anos, precisa subir mentalmente, amadurecer, descobrir seus valores, qualidades e energias. Na medida em que for crescendo interiormente, deve obrigatoriamente crescer exteriormente. Não existe dicotomia entre os dois mundos, o interior e o exterior. Ambos funcionam como causa e efeito.

Se você, apesar de fazer o que gosta, se encontra numa situação menos boa, é simplesmente porque não aprendeu a usar o seu Poder Interior. Também, não é preciso sair correndo como quem vai tirar o pai da forca, à procura da sua verdadeira posição no mundo ou da sua legítima elevação econômica.

Continue trabalhando onde está, com alegria e entusiasmo, mentalizando constantemente para que a Sabedoria Infinita o guie à sua verdadeira posição e à riqueza que deseja. Pode ser que tudo isso você alcance aí mesmo onde se encontra. Deixe-se conduzir divinamente e pode ter certeza de que tudo dará certo na sua vida. Porque você entrou no caminho correto.

Volto a insistir que riqueza é estado de espírito. É lógico que, se o bem-estar material lhe advém como resposta mental, nada mais inteligente do que partir para o tipo de atividade que lhe gratifique interiormente.

Aliás, Andersen disse corretamente que "ninguém jamais foi bem-sucedido em algum empreendimento quando levado a ele contra a vontade. Ninguém pode elevar-se ao ápice de sua profissão, se detesta o emprego e se amaldiçoa a cada hora que passa, executando-o". ("Três Palavras Mágicas").

Mas, logo adiante Andersen faz uma consideração que merece análise especial. Ele fala que não é o emprego que precisa ser trocado, mas a pessoa que o ocupa. Quer dizer que a pessoa é que deve modificar a sua mente em relação ao emprego, criando ideias positivas, vendo-o de maneira alegre e otimista, acreditando nas belas oportunidades que aí podem existir.

Conclui assim: "Todos nós, onde quer que estejamos, sejam quais forem os empregos, temos diante de nós grandes oportunidades hoje mesmo, mas elas passarão, se mantivermos a mente fechada para elas".

Se a sua mente estiver triste, abatida, revoltada, amargurada, sem ânimo, cheia de ansiedades, de medos e de ódios, a causa não está no trabalho, mas nos seus próprios pensamentos. Neste caso, pode mudar de emprego e estará carregando a desgraça consigo. Não confunda alhos com bugalhos. Mergulhe nas profundezas da sua mente e lá você conseguirá separar o trigo do joio.

O sorriso, a alegria, a paz, o amor, a felicidade, a bondade, a compaixão, a inteligência, a capacidade, a criatividade, o poder de atrair riquezas infinitas, são dons que existem dentro de você. Dentro de você, entendeu? Mesmo que mude mil vezes de emprego e de atividade, se não cultivar em si esses dons interiores, em lugar nenhum você os obterá. Será o mesmo que dar nó em pingo d' água.

Seja feliz em si mesmo. E mentalize para que a Sabedoria Infinita conduza você ao lugar da sua realização maior.

Para simplificar, goste do que faz e faça o que gosta. Mesmo que lhe custe sacrifícios. Como, porém, você gosta disso aí, o sacrifício não terá mais o nome de sacrifício.

ESPECIALIZE-SE

Muitos pensam que não têm sucesso na vida por falta de escola. Os estudos escolares são ótimos para você ampliar a sua dimensão interior. Como cada pessoa é o que é a sua mente, se a sua mente contiver uma larga dimensão de conhecimentos, maior será a sua grandeza humana. Terá muito mais condições de sentir a vida em toda a sua amplitude do que aquele que só sabe que dois mais dois são quatro.

Muitas pessoas se tornaram milionárias sem terem frequentado mais do que dois ou três anos de escola. Já falei sobre isso.

Mas, você nunca poderá progredir na vida se nada sabe sobre aquilo que faz.

Para enriquecer, não é necessário que saiba qual é a altura do pico do Himalaia, mas é necessário que procure saber tudo sobre aquilo que faz na vida. Se você é mecânico, procure saber tudo sobre mecânica. Sirva-se dos conhecimentos e da técnica dos outros, especialize-se, cerque-se de livros informativos, assista a palestras sobre o assunto, leia tudo o que se refere a esta profissão, estude mecânica, viaje para ampliar os conhecimentos, converse com os que sabem mais.

Isso tudo será fácil e agradável, porque, como acertamos anteriormente, você está na profissão que gosta. Sua paixão é aprender mecânica, furungar em motores, descobrir as novidades, inventar alguma coisa. Isso jamais esgotará você, porque não passa de divertimento. Claro que você não vai casar com um motor, mas está trabalhando naquilo que gosta.

Se assim você fizer, mesmo que hoje tenha apenas uma chave de fenda, será riquíssimo. Desde que deseje ser rico. E acredite que riqueza é estado mental.

Henry Ford, quando jovem – escreveu Andersen – tinha pouco dinheiro, mas a visão de automóvel o sustentava, e seus dias e noites eram um misto de trabalho e sonhos. Ford tornou-se rico quando uma em cada dez famílias americanas passou a ter carro.

Foi a paixão de Walt Disney, de Honda, de Von Braun, de Santos Dumont, de Roberto Carlos, de Mozart, de Beethoven, de Picasso, de Roberto Marinho, de Sílvio Santos, de Thomas Alva Edison, de Newton, de Tomaz de Aquino, de Francisco de Assis que tornou grandiosa a sua obra.

Para a grande maioria dos homens famosos o ponto de partida foi a estaca zero. Como você. Portanto, você é igual a eles e tem iguais chances que eles, ou maiores.

Vamos, não fique parado à porta da sua casa. Saiba o que quer e siga em frente.

Sim, saiba o que quer.

Estudos recentes mostram que uma grande maioria de pessoas não gosta do trabalho e, quando lhes perguntam o que gostariam de fazer, não sabem responder.

Relaxe, desça às profundezas do seu ser e busque a sua resposta. Pergunte-se o que gostaria de fazer, como gostaria de servir à humanidade, qual é a sua missão neste planeta, o que você gostaria de legar para a humanidade, que marca você pretende deixar para a posteridade.

Não pense que estou enfeitando as palavras ou caçoando de você.

Sua passagem neste planeta deixará marcas. Mesmo que tenha plantado uma única árvore, realizou um milagre maravilhoso. Concordo com Khalil Gibran, que escreveu: “O trabalho é o amor tornado visível”. (“O Profeta”).

Sua atividade é a manifestação do seu amor pela humanidade e pelo universo. E as recompensas serão infinitas.

Se você ama o que faz, sentirá um impulso irresistível para especializar-se e este é o seu justo caminho.

Procure, então, aprender tudo sobre a sua atividade. Muita gente não progride porque é totalmente desleixada neste sentido. Há pedreiros que nem conhecem todas as ferramentas do seu ofício; há recepcionistas de rádio que nem sabem o nome do programa de maior audiência e, menos ainda, o nome do apresentador; há pessoas que trabalham durante anos numa fábrica de cimento e não sabem de que é feito o cimento; há pessoas que criam galinhas e nunca foram aprender algo sobre criação de galinhas. Eis aí porque muitos crescem e outros ficam sempre no mesmo lugar.

Especialize-se. O saber não ocupa lugar.

Faça assim e você estará dando um passo muito forte e poderoso para o sucesso do seu empreendimento e para o seu maior progresso.

Alexandre Grahan Bell contou o seguinte: “Eu havia decidido encontrar o que procurava, nem que tivesse de dedicar a isso todo o resto de minha vida. Depois de inúmeros fracassos, finalmente descobri o princípio que estava buscando e me assombrei com a sua simplicidade. Fiquei ainda mais admirado ao ver que o princípio que tinha descoberto se prestava, não apenas para a fabricação de um aparelho auditivo, como também para transmitir o som de uma voz através de um fio. Outra descoberta decorrente de minha pesquisa foi a de que, quando um homem se dedica a conseguir um determinado resultado, parece que ocorre um fenômeno por meio do qual ele adquire como que uma segunda visão, que o habilita a resolver os problemas comuns. O que é esse poder não sei; o que sei é que existe e pode ser utilizado somente quando um homem se encontra no estado de espírito em que sabe exatamente o que deseja e está absolutamente determinado a não desistir até obtê-lo". (Citado em "Vencer ou Vencer").

Esta lição de Grahan Bell é um incentivo para você.

Vá em frente. Especialize-se naquilo que está fazendo.

Não desista. A vitória sempre acompanha você.

E a riqueza também. Porque esta vem do estado mental de riqueza.

Você está marcando de forma maravilhosa a sua passagem por este mundo.

E a melhor coisa que pode deixar aos seus filhos é o conhecimento. Este é o tesouro que a traça não corrói e que a ferrugem não carcome, por isso será fonte perene de satisfações. E de riquezas, pois é Lei que, quanto mais você dá, mais você recebe, a menos que bloqueie uma das premissas dessa Lei.

Especialize-se e o mundo abençoará você. Sua família também.

Não estou dizendo que morra trabalhando. Isso é idiotice.

Estou dizendo que siga o fluxo da sua inteligência, procurando fazer com que ela lhe renda o máximo num mínimo de esforço.

A dosagem do consumo de energias você a encontrará na prática.

Diz a Bíblia: "O que é hábil no empreendido negócio, achará bens; e o que espera no Senhor é bem-aventurado". (Prov 16, 20).

RECONHEÇA A SUA GRANDEZA. VALORIZE-SE

Em toda a sua atividade, seja como industrial, artista, comerciante, profissional liberal, religioso, militar, professor, empregado, reconheça que você é filho de Deus; que sua inteligência está ligada na inteligência Infinita e, portanto, tem a inteligência dos gênios; que você tem muitas qualidades; que você não é menos do que ninguém; que existe um Poder Infinito dentro de si; que o sucesso e a riqueza estão à sua espera.

Ao invés de ficar a imaginar-se uma pessoa sem capacidade para o que está fazendo, levante o espírito e veja-se mentalmente bem-sucedido, inteligente, dinâmico, próspero e sempre convidado a subir mais e mais. O estado mental positivo constitui-se numa força estupenda em seu benefício.

Quando receber novas responsabilidades, tome-as de braços abertos, como fruto de sua capacidade e de sua dedicação. Nunca pense que não tem condições para assumir um posto superior. Se assim pensar, assim será, porque você é o que pensa.

Tenha sempre a sua mente alta e mentalize as qualidades que deseja ter.

Se lhe oferecerem um degrau, suba. Você tem condições de subir muitos outros. Eles surgirão, se você agora subir este que se apresenta.

Os outros puderam, você também pode. Vá em frente. Valorize-se.

"Você é o único que pode traçar a rota que o levará sempre mais perto do seu alvo, com seus olhos intensamente fixos nos pontos culminantes das cordilheiras do seu ideal. Você, apenas você, é quem pode dar o primeiro e decisivo passo no encalço das faldas da montanha". Estas palavras de Eugéne J. Benge mostram que você deve pensar grande, se quer ser grande.

Descubra os seus talentos, porque se nem você conhece os seus talentos, como exigirá que o patrão os descubra? Mas, ao reconhecer os seus talentos, ponha-os em ação. Não vá enterrá-los, como aconteceu com aquele homem da Bíblia.

A luz é feita para iluminar. Seus talentos são luz. Ponha-os às claras, em cima da mesa. Não desanime se nas primeiras tentativas você não for bem-sucedido. O resultado positivo virá infalivelmente. É só continuar.

Quem persiste sempre chega.

Jogue fora os seus medos. O medo não faz parte da grandeza do filho e de Deus. Você tudo pode. Para quem tem um Poder Infinito dentro de si, não há lugar para medos.

Além de Poder Infinito, existe no seu subconsciente uma Sabedoria Infinita, que sempre orientará você para frente e para cima, se você a invocar.

A Bíblia fala da Sabedoria assim: "Com ela me vieram todos os bens, de suas mãos riqueza incalculável. De tudo gozei, a Sabedoria tudo guia, mas ignorava que fosse a mãe de tudo". (Sab 7).

DAI E DAR-SE-VOS-Á

Procure dar tudo de si no seu trabalho.

Um dia, me contaram esta piada:

- Imagina só. O meu patrão hoje me xingou – disse uma funcionária para a amiga.

- Que te disse?

- Ele me disse que eu estava atrasada quatro semanas no meu trabalho e adiantada dois meses nas minhas horas do café!

Pois, parece que muita gente anda mais atrás de emprego do que de trabalho.

Se você está trabalhando para alguém, busque realizar-se nesta atividade. Conheça profundamente as suas funções; amplie mais ainda o campo dos seus conhecimentos sobre essa atividade; realize o seu trabalho com entusiasmo e com alegria; tenha na sua mente um sincero e profundo desejo de que a empresa progrida sempre mais; procure ser honesto e dedicado;

seja o melhor no que está fazendo; ajude os outros e contribua para que também cresçam; dê mais do que estão exigindo; tenha sempre vibrações mentais positivas no seu ambiente de trabalho.

Saiba que o núcleo dos pensamentos de uma pessoa forma a sua aura. Se o núcleo dos seus pensamentos diários for positivo, isto é, se você é uma pessoa alegre, benquista, agradável, positiva, irradiante, simpática, prestativa, sua aura é positiva e está contribuindo para que o ambiente seja favorável ao bom andamento geral. Mas, se o núcleo dos seus pensamentos for negativo, isto é, se você é uma pessoa amarga, maldosa, reclamadora, pretensiosa, irritadiça, faladeira, com manias de perseguição e de injustiça, sua aura é repulsiva e você acabará sendo demitido.

Mas, eu pergunto: Você foi demitido ou demitiu-se? Estas atitudes dão a entender que você não gosta do ambiente, do trabalho, do emprego, da firma, das pessoas: isto é o mesmo que pedir para ir embora.

Seja pródigo nas horas de trabalho; não hesite em prestar favores; ofereça-se nas situações difíceis e necessárias; e tenha a certeza de que subirá na vida como um foguete. Porque é dessas pessoas que a humanidade anda à procura de lanterna acesa em pleno dia.

Conheci um amigo, hoje muito rico, que me contou, que quando era jovem e pobre, procurava ficar sempre além do horário determinado, atendendo a outras necessidades da loja na qual trabalhava como empregado. Nunca procurou os "seus direitos", como fazem certas pessoas, logo que colocam um pé fora do horário. Estes são mesquinhos, pequenos, e, com pensamentos pequenos, ninguém deixa de ser pequeno a vida inteira. É a Lei: O semelhante atrai o semelhante.

Mas, aquele senhor hoje está divinamente recompensado, pois a sua mente positiva e prestativa atraiu para ele as riquezas que desejava na vida.

Já afirmei mil vezes que, tirando dos outros, exigindo o que não é devido, ninguém sobe, pois terá a sensação interior de estar roubando. Quem rouba é roubado; quem lesa é lesado. É a Lei: O semelhante atrai o semelhante.

Dedique-se ao seu trabalho com amor, com alegria, com otimismo, empenhando as melhores energias e pondo em ação a sua capacidade.

Agora, estabeleça o seu salário. Chegou a hora de determinar o seu salário.

- Mas, e se o patrão não quiser pagar?

A vida paga a cada um o salário que cada um estipular. Mentalize o salário correspondente e você o receberá. Não é preciso brigar com o patrão. Mentalize o salário correspondente e você o receberá. Pode ficar tranquilo. Não importa se o patrão não conhece o seu setor; não importa se não existe na firma este padrão de remuneração. Você receberá o seu salário. Não pertence a você determinar como é que o Pagador Oficial pagará você. Mentalize e deixe para que o Poder Infinito e a Sabedoria Infinita conduzam você ao seu justo, correto e abundante salário.

NÃO CRITIQUE O SALÁRIO DOS OUTROS

Ao invés de comparar o seu salário com o dos colegas, compare o seu salário consigo mesmo.

Você está errado em criticar o salário dos outros baseado no que recebe.

Não está ganhando menos porque outros estão ganhando mais. Você está recebendo o salário que lhe pertence por lei mental interior. Você é o efeito da sua própria causa. Só há uma pessoa com a qual pode se comparar: consigo mesmo.

Você está recebendo o fluxo das riquezas universais que está atraindo para si.

Se os outros estão ganhando bastante, alegre-se com eles. Deseje que ganhem cada vez mais. Não são eles que estão impedindo que você ganhe mais.

Se você está ganhando pouco, é porque há algo de errado em você e não nos outros.

Que deve importar a você se o patrão quer dar metade da fábrica a alguém?

A você pertence julgar e examinar o próprio salário. De resto, se o patrão quiser dar a outro, que recém entrou no serviço, o mesmo que está dando a você, tudo bem, desde que o que esteja pagando a você corresponda ao ajustado corretamente.

Você deve estar contente ou descontente com o próprio salário. E não com o dos outros. Se está descontente com a sua remuneração, examine-se. Saiba que só o Bem produz o Bem. Se está fazendo tudo certo, com fé, ânimo, entusiasmo, dedicação, honestidade e capacidade, a pequenez do salário está na sua mente. É você que está com a mente negativa. Comece a mentalizar, com fé e alegremente, o salário que deseja, e você receberá. Porque você colhe no mundo exterior o que plantar no mundo interior. Também esta é uma Lei infalível.

Masaharu Taniguchi diz, com sabedoria, que "os funcionários que demoram para receber o aumento e ficam sem promoção são, na maioria, aqueles que não descobrem o próprio talento e não partem para a ação de demonstrar esse talento". ("A Ciência do Bem-viver").

Napoleão Hill conta a história de um jovem que foi pedir emprego ao gerente de afamada firma. Tudo foi muito bem até o momento em que o gerente lhe perguntou que salário pretendia. O moço respondeu que não tinha ideia do salário.

O gerente, então, disse-lhe:

- Pagar-lhe-emos o que vale, depois de uma semana de experiência.

- Não aceitarei – respondeu o jovem – porque estou ganhando mais do que isso no meu emprego atual.

Esse jovem estava dizendo que valia menos do que ganhava. Assim, só emprego público.

Certifique-se de que está produzindo mais do que ganha, pois, dessa forma, está deixando as portas abertas para que mais riquezas jorrem na sua vida.

O Mestre Jesus conta uma história muito ilustrativa do que venho afirmando em torno do assunto: "Um agricultor saiu, muito de madrugada, a contratar trabalhadores para sua vinha. Ajustou com cada um o preço de um denário por dia, e mandou-os colher uvas.

Pelas nove horas da manhã, saiu outra vez, e viu outros na praça, ociosos.

Disse-lhes:

- Ide também vós para a minha vinha e dar-vos-ei o que for justo.

Foram-se.

Por volta das doze, e das três da tarde, tornou a sair, e procedeu da mesma forma.

E, quando, pelas cinco horas da tarde, saiu mais uma vez, encontrou outros que lá estavam.

E disse-lhes:

- Por que estais aqui o dia todo sem fazer nada?

Ao que lhe responderam:

- É que ninguém nos contratou.

Respondeu-lhes ele:

- Ide vós também para o meu vinhedo.

Ao entardecer, disse o dono da vinha a seu feitor: vai chamar os trabalhadores e paga-lhes o salário, a começar pelos últimos até os primeiros.

Apresentaram-se, pois, os que tinham entrado pelas cinco da tarde, e recebeu cada qual um denário.

Chegando, porém, os primeiros, calculavam que iam receber bem mais, mas, também esses não receberam senão um denário cada um. E, ao recebê-lo, murmuraram contra o agricultor, dizendo:

- Esses últimos trabalharam apenas uma hora, e os igualaste a nós, que suportamos o peso e o calor do dia.

- Meu camarada – respondeu ele a um da turma – não te faço injustiça. Não ajustaste comigo um denário? Toma, pois, o que é teu e vai-te. Mas, quero dar também a este último tanto quanto a ti. Ou não me é lícito fazer dos meus bens o que quero? O teu olhar é mau porque eu sou bom?" (Mt 20, 1-16).

Não se baseie você, portanto, no que os outros ganham, mas naquilo que está mentalizando para si.

As riquezas do universo são infinitas.

A prodigalidade divina é infinita.

Esteja certo de que, conforme a sua estipulação mental, receberá a sua paga.

ESCOLHA O SEU SALÁRIO

O trabalho é a sua participação na obra da continuação da criação do mundo. Deus fez a parte dele e deixou o resto para a humanidade. Deu-lhe uma partícula da Inteligência Divina; deu-lhe poder criador; deu-lhe qualidades sem fim; deu-lhe capacidades inestimáveis; deu-lhe mãos, braços, pernas, olhos, ouvidos e as demais condições necessárias para expressar a sua presença benéfica no universo.

Esta participação, como falei, é realizada com prazer, com carinho, em estado de gratificação ao Criador.

É bom você se conscientizar de que não está para ganhar a vida, mas para viver a vida.

Nesse trabalho, que realiza, você tem direito a receber a devida paga, porque a lei é que todo o bem retorna à pessoa. Todo serviço prestado tem a sua remuneração devida. Pode-se dizer que à toda ação corresponde uma reação proporcional.

Mas, esta inter-relação não é a única fonte de riqueza para você.

Existe uma outra Lei universal que lhe atrai a riqueza que desejar, quer seja em forma de dinheiro, como de bens. Aliás, o dinheiro é um símbolo apenas, que significa a sua conversão em comida, em roupas, em tijolos, em mesa, em livros, assim por diante.

Estou falando da Lei mental de que todo o pensamento acreditado e unívoco transforma-se na realidade física do seu conteúdo. Isto equivale a dizer que, pela ação do subconsciente e do Poder Infinito imanente no mesmo, seus desejos se materializam.

Em outras palavras, estou me referindo à Lei do Pedi e Recebereis, ensinada pelo Mestre.

Achei bonita a colocação de Napoleão Hill, ao escrever que "o dinheiro em si nada mais é que matéria inerte. Não pode se mover, pensar, falar, mas pode "ouvir", quando alguém, que o deseja, chama por ele". ("Pense e Enriqueça").

Esteja onde estiver, trabalhe no que trabalhar, usando a Lei do Pedi e Recebereis, você atrai para si todas as riquezas que desejar e sonhar.

Lembro aqui uma frase categórica de James Allen: "Tudo

quanto o homem consegue e tudo quanto deixa de conseguir é resultado direto dos seus próprios pensamentos".

Equivocadas estão as pessoas que acham que, para progredir, precisam empurrar os que estão do lado, passar para trás os que estão na frente, derrubar os que estão em cima, combater os que fazem a mesma coisa. Esta é uma visão ignorante da ordem do universo.

Ninguém combate ninguém, ninguém é concorrente de ninguém na legítima ordem universal, mas cada um está ocupando a sua posição corretamente para que o mundo siga à frente em harmonia e progresso constantes.

Pelo menos você, agora, perceba esta visão maravilhosa do mundo de Deus, onde há lugar para todos e para que todos possam se expressar plenamente.

Deus seria um inventor medíocre se tivesse inventado o homem e seu universo sem inventar, ao mesmo tempo, as condições para que todos possam manifestar-se em todas as dimensões de sua grandeza.

Não seja tacanho de ideias. Olhe grande. Tenha a mente do tamanho do universo.

Estenda as mãos para apanhar o salário que bem entender. Salário aqui é termo amplo e significa riquezas.

Como escreveu Howard Hill: "Você é tão rico quanto pensa".

Pura verdade.

SINTA A GRANDEZA DO SEU TRABALHO

Mesmo que o seu trabalho seja o de um pequeno parafuso na imensidade de um navio, saiba que você é tão necessário e importante quanto as máquinas que acionam o navio, porque se você cai fora, o navio se desmantelará.

Você é grande pelo que é e grande pelo que faz. Até o varredor de rua desempenha um trabalho grandioso e indispensável para a humanidade, porque, se as ruas permanecerem sujas, com detritos de toda espécie, a vida se tornará insuportável no meio dessa imundície; a peste grassará e a humanidade poderá ser dizimada.

Sua obra, seja qual for, é grandiosa e benemérita, desde que assim você a veja.

Um dia, um homem passou por uma obra e viu três pedreiros trabalhando. Perguntou-lhes o que estavam fazendo. O primeiro respondeu que estava assentando tijolos, o segundo disse que estava ganhando a vida; o terceiro falou, com orgulho, que estava construindo uma catedral.

A diferença está na mente, percebeu?

Tudo o que você faz é maravilhoso, se assim você o entende.

Aquele homem que tinha em mente a construção de uma imponente catedral, sentia prazer no que estava fazendo, pois as suas imagens mentais eram positivas, relevantes, elevadas. Quem pensa que está fazendo algo de grande, sente-se grande. Além de tudo, era possível que aquele homem, pelo que estava realizando, se julgasse benfeitor da humanidade.

Andersen conta um episódio semelhante: "Perguntou-se a três trabalhadores o que estavam fazendo.

O primeiro disse:

- Estou trabalhando.

O segundo disse:

- Estou cavando um buraco.

O terceiro disse:

- Estou ajudando a construir um canal.

É evidente que o terceiro era o que tinha mais satisfação no que fazia, pois via que seu trabalho ia criar alguma coisa e ele se sentia satisfeito em tomar parte do mesmo. Aquele que trabalha apenas para ganhar o seu sustento, vive o momento presente, mas gostaria que já tivesse passado, aceita de má vontade as horas que precisa dedicar ao trabalho. Às dez horas, olha para o relógio e gostaria que já fosse meio-dia; olha de novo às três, e pensa que já poderiam ser cinco horas. Na verdade ele gostaria que grande parte de sua vida já tivesse passado". ("O Poder da Energia mental").

Em tudo o que você está fazendo, sinta-se como o representante do Criador. Ele determinou que você viesse a este mundo para dominar e presidir a obra da criação. O que quer que esteja fazendo, há de ser uma contribuição para que se cumpra essa ordem do Criador.

Seu trabalho é grandioso, porque assim você pensa.

Eis mais uma razão para que lhe dê prazer.

Além do mais, saiba que todo o seu trabalho se incorpora à sua vida, estendendo ao infinito a sua própria dimensão. Pelo trabalho, você passou a andar, a falar, a conhecer matemática, geografia, história, ciências; pelo trabalho, somou experiências que fazem hoje parte do seu mundo.

Hoje, você é você e mais um mundo imenso que foi anexando a si. Portanto, toda a atividade, em qualquer momento de sua vida, mesmo aquela que você tachou de desastrada, inútil ou prejudicial, formou um patrimônio mental e material muito importante. Não olhe para trás com mágoas e ressentimentos, mas com espírito agradecido, porque até as adversidades lhe trouxeram benefícios. É só olhar com olhos inteligentes.

TRABALHE PARA TER SAÚDE AO INVÉS DE GASTAR A SAÚDE NO TRABALHO

Um dos extraordinários benefícios da ciência do Poder da Mente é dar-lhe riqueza e sucesso sem roubar-lhe a saúde.

Se você faz uma pesquisa junto aos cardiologistas, enterologistas, psiquiatras e analistas, possivelmente notará que os ricos são a maior parte da clientela.

Por quê?

Porque aprenderam que a riqueza se conquista à força de luta, de trabalho insano, de noites mal dormidas. E o resultado é dinheiro no bolso e enfarte no coração.

Estes não conheceram a Lei. Como se diz, enriqueceram de ouvido. Acertaram em parte apenas. Daí que colheram benefícios de um lado e sofrimentos de outro.

"As nossas mais poderosas sociedades – escreveu Prentice Mulford – estão precisamente formadas por membros de uma força espiritual análoga, cheios de ousadia e confiança em si mesmos, esperançados, firmes e resolutos. Mas, apesar disso, só seguem uma parte da lei, pois o seu êxito, na realidade, é apenas uma parte do êxito verdadeiro, devido a não acertarem em seguir a lei inteiramente.

Quando falo em parte do êxito, refiro-me ao êxito que faz o homem adquirir riquezas à custa de sua saúde e que, convertendo exclusivamente todo o seu afã no ardente desejo de ganhar, ganhar sempre, adquirir muito, com esse desejo perde toda a capacidade para gozar da alegria que o dinheiro proporciona." ("Nossas Forças Mentais").

O trabalho, que trará a materialização da riqueza, não há de ser exaustivo, obsessivo, angustiante, possessivo, atemorizado, porque não é a força empreendida, nem a soma das horas de uma jornada diária, nem o madrugar e o dormir tarde que, só por isso, produzirão a riqueza, pois, se assim fosse, os operários de dez a doze horas de trabalho por dia seriam os mais ricos do planeta.

Andersen, autor de muitos livros sobre o Poder da Mente, escreveu: "O sucesso não é resultado do trabalho duro; é resultado do pensamento positivo". ("Três Palavras Mágicas").

A Bíblia, no salmo 127, diz: "É inútil que madrugueis, e que atraseis o vosso deitar para comer o pão com duros trabalhos: ao seu amado ele o dá enquanto dorme".

A ciência do Poder da Mente está de acordo com essa afirmação do livro sagrado. É a mente, voltada para a riqueza, através de mentalizações nítidas, determinadas e definitivas, que materializará a riqueza. Se é a mente que produz a riqueza, isto significa que o trabalho afanoso é apenas um dos caminhos que podem conduzir à riqueza, mas não é o melhor, porque o preço da riqueza será a saúde. Preço alto demais.

Trocar o trabalho pela saúde é um péssimo negócio. No entanto, muitos homens inteligentes e bem-sucedidos assim o fizeram e continuam fazendo. Basta ver o noticiário de todos os dias e logo você saberá que o industrialista tal, o comerciante tal, o diretor tal, o doutor tal, o artista tal, o político tal faleceram de enfarte ou de outras doenças provocadas pelo estresse, pelas tensões, pelo excesso de trabalho, pelas dificuldades financeiras ou coisas semelhantes.

Há muita gente que se mata trabalhando, no verdadeiro sentido da palavra. Estes pagaram com a própria vida o seu trabalho. O resultado do trabalho foi exageradamente caro.

Tentar conseguir o êxito à custa da saúde, que vantagem traz? Nenhuma, porque o resultado é muito pior do que o benefício. É por isso que você vê homens milionários, como o famoso Onassis, dizerem, no fim da vida, que dariam toda a fortuna em troca da saúde.

O pior é que as pessoas, muitas vezes, só reconhecem o equívoco quando é tarde demais.

"Todo o homem, que come e bebe, e que tira o bem do seu trabalho, recebe isto por um dom de Deus" – afirma o Eclesiastes. (3, 13).

Quando o trabalho produz sempre o bem, tornando abundante a mesa deste homem, é porque ele entrou em contato com Deus, o Poder Infinito, que tudo alcança.

Mas o que se mata trabalhando é porque não entrou em contato com o Poder Doador. Nunca entendeu a afirmação do Mestre: "Pedi e recebereis, porque todo aquele que pede recebe".

James Allen dizia: "O sofrimento é sempre o efeito do pensamento errado em algum sentido." ("O Homem É Aquilo Que Pensa").

Aquele que pensa que é só na luta, na dureza, no sofrimento, que conseguirá acumular tesouros, só os acumulará estourando a saúde, sofrendo, e não gozará dos resultados do seu esforço hercúleo.

Gostei muito desta afirmação de Wallace D. Watles: "A posse do dinheiro e de propriedades vem como resultado de fazer as coisas de uma maneira certa; aqueles que fazem as coisas da maneira certa, quer queiram de propósito, quer seja acidentalmente, tornam-se ricos; enquanto que aqueles que não fazem as coisas de maneira certa, não importa quão duro trabalhem ou quanto sejam capazes, permanecem pobres". ("Sucesso Financeiro").

E ele, para fundamentar a sua asserção, completa: "É uma lei natural que causas iguais produzem efeitos iguais".

Não importa quão duro trabalhem – escreveu Wallace. Claro, ele está certo porque, se fosse o trabalho duro a causa da riqueza, os maiores ricos seriam os carregadores de pedra e os estivadores.

- Mas, os problemas são imensos – dirá o industrial ou comerciante, absorvido até os cabelos no seu negócio.

- Que problemas?

- Ora bolas, problemas financeiros, de mercado, de competição, de empregados, de matéria-prima, e outros, outros e outros.

Pois, eu torno a perguntar:

- E o fato de você se envolver emocionalmente nos seus problemas e se preocupar com a situação, ajuda alguma coisa? Não ajuda nada e prejudica a saúde e os negócios.

Todos os negócios vão melhor quando você os empreende com calma, com paciência, com alegria, com compreensão, com otimismo, com fé, com pensamento positivo, enfim. Estas correntes positivas de pensamentos são benéficas e produzem os frutos correspondentes.

Jesus disse, certa vez, com extrema sabedoria: "Bem-aventurados os calmos, porque eles possuirão a terra". (Mt 5, 3-10).

Eis aí, ensinada pelo Mestre, a Lei do sucesso. São os calmos que conquistam a terra, os bens materiais, as riquezas, e não os afobados, os preocupados, os tensos, os medrosos, os agitados, os que querem levar tudo em frente a ferro e fogo. Estes conquistam a doença. De nada vale a fortuna para quem está na cama ou em cadeira de rodas.

Falta-lhe a condição primordial para gozar a vida e usufruir das coisas boas que pretendeu conquistar.

Por que os calmos é que possuirão a terra? Justamente porque só a pessoa calma tem condições de raciocinar corretamente, de estudar os projetos a fundo, de analisar os detalhes, de pensar as situações. Só as pessoas em estado de calma – que é um estado interior de contato com a Inteligência Infinita – têm as melhores condições de tomar as decisões corretas na hora certa.

Jogue fora, então, agora mesmo, esse método de trabalho violento e tempestuoso, porque, além de lhe esgotar as energias vitais, não permite o progresso a que você tem direito, como filho de Deus.

Como ensinou Jesus, busque o reino do Poder e da Sabedoria e tudo o mais lhe será dado por acréscimo.

Saiba que pensamentos de progresso atraem o progresso, pensamentos de sucesso atraem o sucesso, pensamentos de riqueza atraem a riqueza.

Seja esta a sua oração de todos os dias, porque é a manifestação deste Poder, imanente em você, que o conduz às metas desejadas e estabelecidas.

Medite esta passagem da Bíblia: "Se o Senhor não edificar a casa, é em vão que trabalham os que a edificam" (Salmo 127, 1).

Isto quer dizer que você deve trabalhar em paz, calmo, feliz, alternando as ocupações com o lazer, a descontração, o divertimento, o relax, a prece, o convívio familiar e social, porque é a sua fé e a sua prece de riqueza que produzirão a sua riqueza.

Ligue-se em Deus, o Poder Infinito, que habita o seu íntimo, e siga a caminhada diária, com alegria e confiança, porque o Poder Divino é sempre resposta infalível ao seu pensamento, ao seu desejo.

Está no Deuteronômio: "O Senhor, teu Deus, te abençoará em todos os teus frutos, e, em todo trabalho das tuas mãos, viverás alegre". (16, 15).

E viverá alegre. E não tenso e angustiado. Viverá alegre.

Assim ensinou o Mestre: "Tudo o que pedirdes ao Pai, em oração, crendo, alcançareis". (Mc 11, 20-26). Aqui está a fonte da riqueza e do sucesso.

Seja rico com saúde.

Tenha a mente liberta e positiva, porque tudo dá certo.

Ore ao Pai, Poder Infinito, em nível mais profundo, uma ou duas vezes por dia, e mentalize o sucesso, o desenvolvimento e os resultados de sua empresa.

E assim será.

Deixo-lhe agora uma mensagem da Bíblia: "Descarregai sobre Ele toda a vossa solicitude, porque Ele tem cuidado de vós". (Pedro, 5,7).

TRABALHAR É SERVIR

Em tudo aquilo que você faz, dê o toque humano indispensável. Veja no seu trabalho o serviço que está prestando à humanidade.

Se você é médico, por exemplo, pense que não está ganhando dinheiro pela medicina, mas pelos serviços que está prestando às pessoas.

Se você é industrial, sinta-se recompensado pelo benefício que está trazendo às pessoas.

Se você é dono de supermercado, imagine o serviço relevante que está oferecendo a tanta gente, dispondo da melhor maneira possível, e pelos melhores preços, tudo o que uma pessoa deseja adquirir.

Se você é empregado, seu valor está no serviço que presta, seja como balconista, como auxiliar de escritório, como empacotador, como pedreiro, como motorista, assim por diante; e faça o seu trabalho exatamente como faria se fosse você o dono da empresa onde trabalha. É exatamente por isso que muitos se tornam donos da empresa na qual começaram como simples funcionários.

Jesus já ensinava esta forma de ver e fazer as coisas: "Não

vim para ser servido, mas para servir".

Quando você oferece algo apenas com a ideia de querer servir o outro e não com a intenção de fazê-lo comprar de qualquer jeito, nem que seja enganando, você é um ser superior, fadado ao sucesso, porque será carregado nos braços da humanidade.

Napoleão Hill e Harold Keown escreveram esta frase de rara sabedoria: "A maior da todas as regras de sucesso é a seguinte: Faça ao outro como se você fosse o outro". ("Sucesso e Riqueza Pela Persuasão").

Esta filosofia vem ao encontro do princípio básico ensinado pelo Mestre para nortear o relacionamento entre as criaturas humanas: "Tudo o que quereis que os homens vos façam, fazei-o também a eles". (Mt 7, 12).

Se assim você agir, na vida, as bênçãos infinitas iluminarão os seus caminhos, ver-se-á cercado de amigos por toda parte, e as riquezas do universo encontrarão em você alguém que sabe realmente aproveitá-las.

PROGRIDA NO EMPREGO

Não é preciso repetir que você não progredirá no emprego derrubando os que estão na frente, tirando o tapete dos que estão em cima, desfazendo as realizações dos colegas ou tentando botar areia no motor dos seus chefes.

Quem assim age tem mente mesquinha e não terá mais do que empregos mesquinhos. O semelhante atrai o semelhante.

Não é sendo mau-caráter que você vai subir na vida. O mundo está cheio dessas pessoas, que rolam de emprego em emprego e, por fim, vão bradar nas ruas que a sociedade é injusta porque não lhes dá oportunidade de progredir. A sociedade não está sendo injusta com você. Nem o universo. Nem Deus. Realiza-se em você a Lei implacável, escrita nos portais da Eternidade, de que você colhe o que semeia.

Mude de atitude, dedique-se ao trabalho com amor e honestidade e você subirá mais rápido do que imagina, até ocupar o lugar ao sol que está desejando.

Enquanto escrevia este assunto, lembrei-me de uma piada, que vou contá-la a você.

Um industrial reuniu seus funcionários e disse-lhes: "Senhores, no dia dez do próximo mês ocorrerá mais um aniversário da nossa empresa. Vamos fazer uma festa, mas eu quero que a festa obedeça a estes itens: primeiro, que custe pouco; segundo, que dela se fale em toda a cidade; terceiro, que seja motivo de satisfação para todo o pessoal. Comuniquem-me, por escrito, as ideias que tenham sobre o assunto. Podem retirar-se".

Dias depois, entre as muitas ideias enviadas, o industrial encontrou esta nota anônima:

"Atire-se do décimo andar. Isso não custará nada à empresa. Falar-se-á do caso em toda a cidade. E dará uma satisfação imensa a todo o pessoal."

Ao invés de ficar atribuindo aos seus chefes a sua falta de promoção e baixo salário, ocupe a sua mente em imaginar o que pode fazer a mais para melhorar o seu desempenho. Não adianta você querer pensar como o homem da piada. Muda o chefe e você continuará carregando a mesma deficiência mental. É você que tem de mudar.

"À medida que mudardes a vossa atitude mental em relação aos outros, também eles mudarão a sua atitude e conduta relativamente a vós". ("James Allen, em "Da Pobreza ao Poder").

Aí está uma grande verdade que você deve assimilar bem.

As pessoas são para você o que você pensa que elas são

para você. O mundo é o que é a sua mente em relação ao mundo.

Mude você e o mundo mudará.

Descubra as suas qualidades e não as esconda debaixo da mesa. A luz deve estar sobre a mesa – disse Jesus.

Conheci um moço, bem dotado, que veio me falar, com bastante amargura:

- Sabe, cansei de me esforçar. Não me aumentaram o salário. Agora vou me atirar nas cordas. Afinal, ganho pouco, por isso vou produzir pouco.

Este raciocínio, bastante comum, é totalmente falto de sabedoria.

Quem produz pouco ganhará pouco. E se produzir menos, ganhará menos ainda.

É impossível uma pessoa se esforçar honestamente, dedicar-se com fé e entusiasmo ao trabalho, e não receber a recompensa correspondente.

Mas, lembre que a Lei não é: Deem-me, que eu darei. A Lei tem premissas ao contrário: Dai e dar-se-vos-á.

Você receberá a recompensa pelo que oferece.

Ao chegar numa loja para comprar uma geladeira, eles lhe oferecerão a geladeira tal e pedirão, em troca, o valor xis.

É dando que se recebe – dizia São Francisco de Assis.

- Enfim – perguntará você – como posso progredir no emprego?

Antes de tudo, cumprindo as obrigações determinadas pela empresa e pela chefia; executando a sua tarefa com inteligência, com alegria, cheio de vibrações positivas; procurando ser o melhor no que faz, sem nenhuma intenção de competir com ninguém; buscando novos conhecimentos sobre as suas atribuições a fim de melhorar o seu produto, seja material ou de serviço; fazendo algo a mais do que está sendo solicitado, sem exigir nada em troca; assumindo o desempenho da empresa como se fosse sua própria empresa; realizando a sua tarefa como gostaria que os outros a realizassem se fosse você o dono da empresa; procurando colaborar ao máximo com os colegas e com o chefe; prontificando-se nos momentos de sacrifício; gostando daquilo que está fazendo e mentalizando para que Deus o leve a fazer aquilo que gosta e para o qual tem aptidões inatas e adquiridas; sendo serviçal e magnânimo na realização de serviços abaixo da sua especialidade e cargo; falando sempre bem de todas as pessoas e dando sugestões para melhorar o seu setor. Outros detalhes: ao invés de criticar publicamente, vá falar pessoalmente com o chefe, ou diretor, e exponha os seus pontos de vista; na medida do possível, participe dos acontecimentos sociais e festivos da empresa e dos colegas, evitando sempre, porém, ambientes e pessoas negativas; aceite os outros como são e veja neles apenas o lado bom; seja amigo de todos, sem diminuir o seu caráter, mesmo que outros não sejam seus amigos e procurem obscurecer seu desempenho; seja maior do que as fraquezas humanas, compreendendo que nem todos estão na mesma altura mental e espiritual; acredite em você e no seu sucesso, acima de tudo.

Talvez você pense que algumas sugestões acima, quando cumpridas, se voltam contra você, mas isso é impossível. O bem sempre produz o bem. Isto quer significar que o bem nunca pode produzir resultados maus. Assim como o mal sempre triunfa. A luz sempre domina a escuridão.

Siga essa orientação e não tenha medo de nada, porque eu lhe asseguro que a sua mente positiva e benéfica lhe proporcionará resultados fantásticos.

Muitos patinam na vida porque erroneamente pensam progredir através de maldades e enganações. Maldades e enganações atraem o próprio resultado – diz a Lei.

Seja grande nos seus ideais.

Se for convidado a assumir um cargo superior, aceite-o com entusiasmo, porque esta porta foi aberta pela Sabedoria Infinita, que ouviu o seu pedido de progresso e de sucesso. Ela, que conduziu você a esse degrau superior, guiará você para desempenhar com êxito essa missão. E, ainda, levantará você a outros degraus maiores.

Agora, leia de novo o que deve fazer para progredir no emprego.

E saiba que a sorte está definitivamente com você. Parabéns.

OS HONESTOS TRIUNFAM

Eu dirigi, por mais de quinze anos, uma editora de revistas, assim como, posteriormente, a Livraria Editora e Distribuidora da Mente e, nessa longa caminhada de experiências, tive a constatação mais do que evidente de que a desonestidade no trabalho, ou seja, a apropriação indébita, seja de material ou de dinheiro, nunca trouxe resultados benéficos a nenhuma pessoa que assim tenha agido.

Diante de tantos casos, terminados em lágrimas e sofrimentos, peço encarecidamente a você: nunca roube um alfinete sequer. Resista à tentação. Resista. Não vai dar certo. Mais cedo ou mais tarde tudo vem à tona e você afundará, perdendo mil vezes o que roubou.

Resista à tentação, mesmo que esteja passando por momentos críticos financeiramente.

Se você está enfrentando necessidades, mentalize os resultados que você deseja, e o receberá. Os pensamentos se materializam. Tenha fé em que o Poder Infinito está mudando a sua situação – e assim será.

Não saia do único caminho da riqueza. Se sair, cairá no abismo.

Resista.

Achei maravilhoso o que escreveu James Allen: "Tendo por centro de vosso ser essa fé, chegareis a possuir tanta força espiritual, que rompereis, como se fossem brinquedos de vidro, todas as forças do mal que surgirem contra vós, e alcançareis um sucesso tão excelente, que um outro, sem possuir uma fé igual, apesar de grandes esforços, não conhece nem em sonho". ("Da Pobreza ao Poder").

A fé remove montanhas – disse Jesus.

Seja honesto com tudo e com todos.

Não alimente privações, carências e necessidades na sua mente, porque você atrairá o resultado desses pensamentos. Alimente, isto sim, pensamentos e imagens de riqueza, de maiores ganhos para a libertação de qualquer situação desagradável.

Voe alto com a sua mente. E você chegará às alturas da riqueza desejada e mentalizada.

Resista à tentação. Não há nada oculto que não venha a ser descoberto. O roubo nunca compensou e nunca compensará.

Resista. Você está a um passo da solução.

Resista. A fonte da riqueza está dentro de você. Deus já está abrindo os cofres divinos e fazendo jorrar o conteúdo da sua prece.

Resista, porque é difícil que os outros, depois, reconheçam que você mudou, que é outra pessoa, que jamais cairá noutra.

Resista agora. Agora. Agora.

Levante a cabeça. Você é filho de Deus, dono do universo. As riquezas estão à sua disposição, em abundância, e não precisa tirar de ninguém.

Todo o seu desejo será atendido.

Ninguém recebe um desejo sem receber também a capacidade de torná-lo realidade – escreveu Richard Bach. ("Ponte Para o Sempre").

Ouça a voz interior e esta voz indicará o verdadeiro caminho. Siga por ele e subirá infinitamente além dessas dificuldades atuais.

Amanhã, no ano que vem, daqui a cinco anos, você rirá desta situação e achará engraçado que isso tenha acontecido, tal foi a facilidade com que superou o obstáculo.

Resista. Eu estou com você. A maré já esta mudando. Você tudo pode.

Ponha a sua mente na abundância, no sucesso, na prosperidade, e o Poder Infinito lhe trará todos esses bens.

Esse é o legítimo caminho da riqueza e da solução dos problemas.

Acredite.

VOCÊ É UM GÊNIO

Ao ler o título acima, você, que se julga duro de cabeça, sem inteligência, sem estudos, sem memória, sem capacidade de concentração, exclamará de imediato.

- Esse cara é um doido! Gênio eu?! Essa é boa!

Olhe bem para mim e ouça: "Você é um gênio. Se você se julga sem talento é porque o enterrou – como conta Jesus, numa parábola".

Basta considerar que a sua inteligência está ligada na Inteligência Infinita e que a sua mente subconsciente é cósmica e universal, para concluir, sem esforço, que você é um gênio.

O chato é que você é um gênio, mas não sabe. Ou sabe, mas não acredita.

Nem por isso, no entanto, deixa de ser gênio.

Assim como, mesmo que você coloque diploma de gênio num burro, ele não deixará de ser burro, da mesma forma, mesmo que você coloque diploma de burro no seu pescoço, não deixará de ser gênio.

Independentemente de sua evolução científica, você é um gênio. Espero que comece a despertar o gênio que existe em você.

Gênio – diz dicionário – é alto grau de capacidade mental criadora em qualquer sentido.

Assim é você.

Se você seguir o caminho dos grandes gênios da humanidade, também realizará obras memoráveis como eles.

Thomas Alva Edison era um gênio. Considerado o maior inventor. Realizou mais de mil inventos, entre os quais, a lâmpada elétrica.

Disse ele: "Os mais importantes fatores para se chegar a uma invenção podem ser descritos em poucas palavras. Consistem, em primeiro lugar, em saber, com precisão, o que se quer obter. Devemos concentrar-nos naquele objetivo e iniciar a busca do que procuramos, utilizando, para tanto, os conhecimentos que tenhamos ou que possamos adquirir de outros sobre o assunto. Devemos continuar a busca, não importando quantas vezes fracassamos. Não devemos deixar-nos influenciar pelo fracasso de outras pessoas que tentaram a mesma ideia. Devemos ter sempre em mente que a solução do nosso problema existe em alguma parte e será encontrada".

Você é um gênio, mas pode ser que o seu gênio esteja completamente adormecido.

Em primeiro lugar, reconheça que a sua mente é ilimitada e tem dimensões infinitas; em segundo lugar, saiba o que você deseja e enderece a sua atividade mental nessa direção. À medida em que você aprofundar a sua mente numa direção, fontes inesgotáveis virão em seu apoio e daí nascerá uma obra maravilhosa e imortal.

Praza aos céus que não seja necessário que você tenha que passar por momentos difíceis e sofridos para acionar todas as suas energias mentais.

Algumas pessoas, diante de situações pressionantes, ficam desarvoradas, angustiadas, nervosas, trocam os pés pelas mãos e se perdem pela linha de fundo. Com outras, dá-se o contrário: feridas em seus brios, levantam a cabeça, ativam as energias, pegam firme e realizam maravilhas.

Contam que o famoso compositor Mozart compôs a maior parte de suas obras musicais pressionado pela situação econômica, que piorou quando se casou com uma moça avoada, que gastava ainda antes do marido ganhar. Wofgang Amadeus Mozart produziu obras-primas, como "Casamento do Fígaro", "Don Giovanni", "A Flauta Mágica", acossado pelas dívidas.

Trate de usar suas forças interiores e seus dons maiores para realizar algo de bom neste mundo.

Ainda que você esteja morando debaixo de uma ponte, saiba que pessoas houve que de lá saíram para se imortalizarem.

Em minúsculas sementes jaz o fantástico poder criador que produzirá árvores gigantescas.

Reconheça que você é um gênio. E ponto final.

PENSE TAMBÉM NO LAZER

Diz a Bíblia que Deus fez o mundo em seis dias e no sétimo descansou. A partir daí, a humanidade reservou um dia para descanso e lazer, a cada sete dias.

Sob o ponto de vista da saúde física, isso faz um bem imenso, porque dá condições a que o corpo recupere as energias que foram gastas a mais durante a jornada semanal. A todo esforço corresponde um período de retorno à inércia, a fim de haver equilíbrio. Caso contrário, a tensão não será aliviada.

Sob o ponto de vista mental, é muito bom que você desligue a sua mente dos compromissos, das preocupações, ao menos um dia por semana.

E o dia aprazado é o domingo. Diz-se, com razão, que domingo é o dia da higiene mental. É o dia em que você o passará em estado de graça, popularmente falando, isto é, você o passará numa boa, divertindo-se, espairecendo.

Nesse dia, o mínimo que pode fazer é trocar a atividade. Até porque é necessário que você desenvolva outras dimensões da mente e, consequentemente, outros espaços do cérebro. Assim, estando em atividade os neurônios de todos os continentes cerebrais, essas partes não se atrofiarão.

Reserve o domingo, ou qualquer outro dia da semana, para desestressar-se, para voltar a ser criança, para divertir-se, praticar esportes, entrar em contato com a natureza, passear, curtir as coisas boas da vida.

Não diga que você não é rico para poder gozar esses privilégios.

Você pode passar um domingo divertido sem gastar quase nada. De mais a mais, todo o dinheiro gasto nessa prática lhe trará maior satisfação de viver. E se você se queixa que não sobra nenhum dinheirinho para se alegrar no domingo, lembre-se que sorrir, brincar, caminhar, olhar a natureza, passear na praça, ir à praia para quem tem o mar a seus pés, não custa nada. Mas, também, se você disser que não lhe sobra nenhum dinheirinho para se divertir, peço que faça um inventário da verba que gasta durante a semana sem nenhuma finalidade saudável, como o cigarro que fuma, a cachaça que bebe, a cerveja que toma, as guloseimas a que não resiste, os trajetos que pode fazer a pé ao invés de tomar táxi, e por aí a fora.

No seu dia semanal de descanso seria bom ir à igreja a fim de orar e ouvir palavras que lhe serão de elevação e de estímulo na sua caminhada de cada dia.

Além disso tudo, acho importante pensar nas suas férias. Afinal, a vida não é só trabalho. Como escrevi anteriormente, você não está aqui neste mundo apenas para ganhar a vida, mas para viver a vida.

Reserve um jeito de dedicar alguns dias para sair fora da sua rotina. Vá para outro lugar, que lhe pareça diferente e agradável. Quem sabe, à beira de um rio, à margem de um lago, no costado de uma praia, na imensidão de um campo, nas alturas de uma montanha, no âmago de uma floresta? Pense, nade, corra, brinque, divirta-se e volte para casa renovado, rejuvenescido, em ótima forma.

Numa das viagens que fiz à Lisboa, para realizar uma Jornada sobre o Poder da Mente, resolvi fazer uma excursão de trem através de Portugal, Espanha, França, e Itália. Nos vagões, se viam muitas pessoas, principalmente jovens, de mochila às costas, fazendo as suas excursões na base do seja o que Deus quiser.

Nada melhor do que um descontraído espírito de aventura.

Dê-se alguns prazeres extras na vida. Você merece.

É preciso não perder de vista que a vida é o dia de hoje. Há pessoas que, na juventude, se fazem os maiores sacrifícios para alcançarem os objetivos materiais quando casarem; ao casarem, continuam economizando tudo, não se dando nenhuma regalia, para melhorarem a situação econômica; na idade madura, seguem apertando o cinto, porque é preciso guardar algo para a velhice; na velhice, se privam de divertimentos, de passeios, de coisas que tanto gostariam, para guardarem reservas financeiras diante de eventuais doenças; e acabam morrendo sem nunca terem usufruído da vida. Essas pessoas – se você observa bem – sempre viveram fora de sua época, preparando-se para algo que nunca aconteceu. Há tanta gente assim. Que pena!

Pode ser que você também esteja se privando de tudo na vida, para alcançar algum objetivo no futuro.

E se a pessoa morre hoje, existe esse futuro para o qual está se sacrificando?

Vale mais um pássaro na mão do que vinte voando lá em cima.

A vida é hoje, aqui e agora. Esse momento nunca mais voltará.

Pense na frente, seja previdente, mas não esqueça a verdadeira realidade, que a vida é este instante, é o dia de hoje. Só vivendo o hoje, o aqui e agora, é que você vive realmente.

Deixe que o amanhã cuide do amanhã – já ensinava magistralmente Jesus.

Para quem conhece as Leis da Mente, o futuro está garantido, uma vez que a gente colhe no futuro o que semeia hoje no mundo interior. Se, a cada dia, você semeia riqueza, abundância e prosperidade, a cada dia, até o fim de sua vida, você terá riqueza, abundância e prosperidade.

Não tenha medo do futuro. A vida sempre dará tudo aquilo que dela você espera. Mentalize todos os dias a abundância e a riqueza sem fim e verá que o Poder Infinito se manifestará de acordo.

Mas, não deixe de aproveitar os bons momentos da vida que agora se apresentam. Eles não voltam mais.

Certo dia, li a história de Amy e Frank, pais de cinco crianças. Eles pretendiam instalar um segundo banheiro na casa, mas nunca tinham dinheiro para esse gasto. Sempre, porém, conseguiam juntar uma verba especial para sair de férias no verão. Compravam todo o equipamento necessário para eles e para a garotada e saíam a viajar. Ao voltar, continuavam apertando o cinto, na esperança de construir o banheiro que nunca puderam.

Tempos atrás, receberam carta de um dos filhos, que tinha ido estudar em outra cidade. Na carta, dizia: "Jamais esquecerei aquelas férias na praia". Frank estava recompensado com as maluquices das viagens e comentou muito contente: "Você acha que o meu garoto, um dia, me escreveria: "Jamais esquecerei aquele esplêndido banheiro extra?".

Concordo plenamente que você deve curtir a vida agora. Há tantas alegrias que pode dar-se, bem como aos seus.

É possível que logo, logo, você chegue à conclusão que tantos momentos de prazer e felicidade lhe custaram barato demais.

O lazer é tão importante quanto o trabalho. Divida o seu tempo.

Seja inteligente. Curta a vida.

Conheço muitos pais que não se dão nenhuma regalia especial na vida para deixar uma boa herança aos filhos. No seu amor pelos filhos, sacrificam belas oportunidades de passeios e de conforto, a fim de deixar um melhor quinhão de herança para os seus.

Há um erro duplo nisso. Primeiro, não aproveitar a vida por causa dos outros; segundo, deixar aos filhos o que pertence a vocês. Se foram vocês que ganharam o dinheiro, pertence a vocês gastarem naquilo que mais desejarem.

- E os filhos? – perguntarão, apreensivos, vocês.

Os filhos receberam a vida, os cuidados especiais e valiosos ao longo de tantos anos, a instrução, a educação.

É isso que vocês devem dar, tanto quanto possível da melhor maneira.

Quanto ao resto, eles devem fazer a vida assim como você fez a sua. Ninguém é menos do que ninguém. Seus filhos não são menos do que vocês e, por isso, reúnem todas as condições de ganhar dinheiro, sustentar-se, ter casa, carro e todas as boas coisas que desejarem.

Depois que os filhos atingiram a maioridade, não se preocupem com eles. É a vez deles cumprirem a sua missão no universo.

Se, ao morrer, você não deixar mais do que a sua cama e o fogão, tudo bem, porque não é você que deve enriquecer o seu filho. É ele que deve pôr as mãos nas riquezas infinitas do universo, usando o Poder Divino que todo ser humano possui.

A herança, às vezes, mais prejudica do que ajuda. Quantas famílias se destruíram, e os irmãos se odeiam de morte, por causa da herança. Herança que os pais talvez deixaram para os filhos através dos maiores sacrifícios e economias.

Todos os seres humanos, inclusive seus filhos, são filhos de Deus, donos do universo, e têm as riquezas do universo à disposição; portanto, não precisa deixar a sua parte para eles. A não ser que sobre ao natural.

Jesus manda amarmos o próximo. Como o seu próximo mais próximo são os filhos, muito justo que deixe a eles o que lhe sobrou ao encerrar a sua vida terrena. O que lhe sobrou, veja bem.

A HERANÇA QUE LHE FICOU DOS PAIS

Antes de começar a ler este capítulo, você deve ter lido o anterior.

Mas, agora, eu quero conversar um pouquinho com você sobre a herança que será deixada por seus pais.

Nunca exija sacrifícios de seus pais com o intuito de deixarem mais para você, quando vierem a falecer.

Recorde, mais uma vez, que a fonte de todas as riquezas do universo se encontra no seu interior e, por isso, não há motivo nenhum para ficar torcendo pela herança dos pais. Faça você mesmo o seu mundo, porque você tudo pode.

Vamos, agora, supor que seus pais tenham falecido e você seja um dos herdeiros. Pelo amor de Deus, não briguem por causa de herança. É a pior coisa que poderiam fazer em memória dos pais.

Sei que todos desejam uma partilha equânime, justa e correta. Acontece que as avaliações podem ter pesos e valores diferentes de acordo com a visão de cada um. Até valores subjetivos e de estimação podem possuir os objetos. Daí a enorme dificuldade de acerto na partilha da herança.

Antes de tudo, é preciso partir deste princípio: o que você vai receber é algo que lhe está sendo doado e não algo do qual você é proprietário. Portanto, todos devem ser abertos, compreensivos, desapegados, tolerantes e dispostos ao melhor acerto.

Nada de ser mesquinho, miudeiro, complicado, insatisfeito, renitente. Mesmo que você pense que neste acerto – com o qual todos concordam – você está perdendo um pouco, deixe pra lá. Assine e invoque o Poder Infinito para dar-lhe a recompensa por essa boa vontade.

Seja generoso e calmo no acordo da partilha. Afinal, o que você está recebendo é um extra.

Cada um dê a sua opinião; depois, estudem a fórmula que melhor atenda a todos; então, assinem, sem arregalar os olhos para o que é dos demais.

Alegre-se com o que lhe tocou, e não fique de olho no que ficou para os outros.

Não olhe mais para trás. Ponto final. Paz e amor. Fraternidade. Bom coração. Consciência tranquila vale mais do que uma fortuna, pois há pessoas que acabam gastando fortunas para terem consciência tranquila.

Lembre-se, sempre, que a Lei do Amor é a lei suprema do universo. É a Lei de Ouro. Tudo o mais será dado por acréscimo pelo Pai Celestial, que habita o íntimo de cada um, como ensinou Jesus.

Faça o bem e o bem se multiplicará na sua vida. Esse é o caminho do progresso. E da riqueza.

QUE FAZER COM FILHOS DE PAIS RICOS

Muitos pais ricos acham simples demais, ou complicado demais, o modo como lidar com os filhos.

Há aqueles que dizem assim: Eu trabalhei tanto na vida, passei tanto trabalho nos meus começos, que não quero que meus filhos passem por isso.

E deixam os filhos à deriva, vagabundeando, soltos pelas praças.

Quando a gente pergunta:

- Seu filho não trabalha?

Eles tomam ar de comiseração e, com o maior carinho do mundo, dizem:

- Não, não quero que o meu filho passe por tudo o que eu passei, coitadinho! Ele é tão frágil, não aguentaria. Chega o que eu sofri.

E colocam o filho numa redoma de vidro, até o dia em que, enojado dessa vida inútil, torna-se marginal, insensível, exigente, quando não viciado em tóxicos.

- Dei tudo para o meu filho! – exclama você, com tristeza. – Não sei por que fez isso comigo. Eu não mereço.

Merece. E Deus vai exigir que você preste conta desta maneira idiota de orientar seu filho.

Não é porque você trabalhou feito burro de carga que o seu filho há de deixar de trabalhar. Seria a mesma coisa que você deixasse de tomar água porque seu pai morreu afogado.

O trabalho – volto a insistir – é a participação de todo o ser humano, filho de Deus, na construção de um mundo cada vez melhor. Seu filho, assim como você, tem necessariamente uma parcela de obrigação de fazer algo para continuar impulsionando o mundo para frente.

Há certos pais ricos que apresentam outro tipo de argumento. Quando alguém pergunta por que o filho não trabalha, respondem, com certo ar de asco:

- Meu filho trabalhar?! Deus me livre! Eu sou rico. Meu filho não vai se meter nesse submundo do trabalho.

Esses pais estão cavando a desgraça dos filhos. Trabalho não diminui ninguém; pelo contrário, engrandece. Trabalho é a participação do ser humano na obra da construção do mundo. Tenha você dinheiro ou não tenha, seu rapaz, mais do que seu filho, é filho de Deus e tem uma missão única a cumprir no universo. Você é responsável para encaminhar seu filho a assumir o seu posto na vida.

Digo-lhe sinceramente que eu pensava que, numa época tão evoluída como a que vivemos, já não existissem pais com esse tipo de mentalidade, que tem trazido uma gama infinita de exemplos trágicos em famílias ricas.

Diversos autores modernos, no entanto, continuam chamando a atenção dos pais ricos para esse perigoso equívoco.

Segundo Russell H. Conwell, "não há classe de pessoas das

quais se deva ter mais piedade do que os inexperientes filhos e filhas dos ricos de nossa geração... Uma das melhores coisas da vida é quando um jovem ganhou seu próprio sustento, torna-se noivo de uma encantadora jovem e decide ter uma casa própria. Então, com o mesmo amor, vem também aquela divina inspiração para as coisas melhores e ele começa a economizar seu dinheiro. Ele começa a abandonar seus maus hábitos e a pôr dinheiro num banco; quando ele tem algumas centenas de dólares, vai aos subúrbios procurar uma casa. Ele apela para a Caixa Econômica, talvez para a metade do valor, e então vai buscar a mulher e a carrega pela primeira vez pela porta de entrada, dizendo com palavras eloquentes, que minha voz não pode imitar: "Eu ganhei esta casa por mim mesmo. Ela é toda minha e eu a divido contigo". Este é o maior momento que um coração humano pode jamais conhecer". ("Uma Fortuna ao Seu Alcance"). E Conwell continua escrevendo que, se um filho de rico começar por baixo, adquirirá a disciplina de um rapaz pobre, que vale mais para um homem do que uma educação na universidade. Desse forma – conclui ele – ele seria capaz de tomar conta dos milhões de seu pai.

Conheço pais, donos de grandes empresas, que estão fazendo seus filhos começarem desde os primeiros degraus da companhia. Admiro a sabedoria dos donos de uma grande rede de supermercados, que estão fazendo seus filhos, nas folgas escolares, trabalharem de caixa ou em outros setores, como simples funcionários de salário mínimo. Admiro, também, sobremaneira, esses adolescentes que fazem isso ao natural, entendendo que é o melhor caminho para um dia chegarem lá em cima.

Assim como grandes proprietários de indústrias, de lojas, de restaurantes famosos no mundo, de redes de rádio e televisão, começaram como humildes funcionários, tudo indica que esse começo disciplinado, com noções de valorização do dinheiro ganho, com o aprendizado de todos os escalões, fará com que esses jovens estejam no caminho certo do sucesso e da grandeza econômica.

Acho oportuna e sábia essa afirmação bíblica: "Comprai a instrução a preço de muito dinheiro; graças a ela ganhareis muito ouro". (Ec 51).

Você, jovem, seja qual for a sua situação e seja qual for a conta bancária do seu pai, saiba que dentro de você é que está a única fonte de riquezas infinitas. Comece a cavar com as próprias mãos e a riqueza borbulhará para você.

(volte a ler o capítulo todo e assinale, neste espaço em branco, as afirmações que lhe causaram maior impacto positivo).

CAPÍTULO 5

A Riqueza E A Questão Social

"Os pensamentos do homem robusto produzem a abundância; mas todo o preguiçoso está sempre na pobreza". (Bíblia)

Basta olhar além da própria janela para se perceber que há uma multidão incalculável passando fome, vivendo na miséria e nas privações.

Esta é uma realidade constatada universalmente.

Ninguém deseja que esta situação permaneça no mundo.

Salta aos olhos o problema dos favelados, dos boias-frias e dos sem-terra.

Existe variadíssima literatura analisando o problema do ponto de vista social, humano, religioso, político, psicológico e sociológico.

Todas as forças vivas da nação desejam que seja eliminada essa chaga da sociedade civilizada.

Os políticos elaboram movimentos que visam chamar a atenção para a situação e os governos prometem fazer tudo para que as classes menos favorecidas tenham melhores condições de vida.

As igrejas se levantam, quase unânimes, na defesa dos pequenos, dos sem-terra, dos desassistidos.

Todos, portanto, inclusive esse livro, têm a intenção elogiável de eliminar a pobreza, a fome, a miséria, da face da terra.

Nisto todos estamos de acordo.

A divergência começa a acontecer quando se analisam as causas.

Cada ideologia vê o mundo pela sua própria ótica.

É como aquela história do elefante: Certa vez passava um elefante diante de um grupo de cegos. Estes, alertados pelo ruído surdo e cavo do animal, perguntaram o que era aquilo.

- Um elefante – respondeu o viajante.

- Deixa-nos saber como é um elefante? – perguntaram os cegos.

O viajante consentiu e os cegos se aproximaram do animal, cada um apalpando o paquiderme em lugares diferentes.

- É como uma corda desfiada – disse o primeiro, que estava apalpando o rabo do bicho.

- Não. É como um tonel carepento – falou o outro, que estava com as mãos na barriga do animal.

- Que tonel, coisa nenhuma! – exclamou o terceiro – esse bicho é exatamente como uma mangueira d' água.

É que ele estava com a mão na tromba do elefante.

Já um outro cego passava a mão na orelha do animal e assegurava que o elefante se parecia com um grande leque aberto.

- Que absurdo! – sorriu o último cego, pondo a mão num dente.

- Vocês estão redondamente enganados. O elefante é exatamente como uma lança entortada.

E os cegos se atracaram em exaltada discussão, sem chegarem a nenhum acordo.

O grande problema que ocorre em casos de amplas dimensões é que as pessoas nem sempre conseguem ter uma visão global e redonda do assunto e, por isso, se aferram na sua definição parcial como se fosse o todo.

MUDAR A SOCIEDADE. MAS, COMO?

Tenho percebido que a focalização aguda do problema social consiste em vituperar a sociedade, que gera desigualdades, que acoberta injustiças, que monta descaradamente o palácio do rico ao lado do casebre do pobre, que mantém a mesa farta de muitos em contraste com a fome de outros tantos.

E todos concluem que é preciso mudar a sociedade, mudar a sociedade, mudar a sociedade.

Quando eu falo em mudar o indivíduo, algumas pessoas me abordam e perguntam se adianta alguma coisa mudar o indivíduo. Entendem que é necessário mudar a sociedade, porque, segundo eles, só mudando a sociedade é que muda o indivíduo, que faz parte da sociedade.

Eu penso que é impossível mudar a sociedade, porque sociedade não é nada mais do que palavra abstrata. O abstrato não existe como entidade. Seria a mesma coisa que dizer que o Bem é entidade e que o Mal é entidade. Neste caso, entraríamos na heresia do maniqueísmo. Quem desfez a tese do maniqueísmo foi o doutor e santo Tomás de Aquino. O fato aconteceu justamente numa ocasião em que Tomás se sentava à mesa com o Rei. Bem podem todos imaginar como estava então ocupada a mente da Igreja e dos príncipes cristãos pelas ameaças da heresia dos maniqueus, abatida muitas vezes, mas não vencida e que sob diversos títulos tentava pulular de novo. Santo Tomás, que então estava escrevendo a célebre Suma Contra os Gentios, andava meditando como encontrar as razões mais convincentes para desfazer o famoso erro dos dois princípios, o sumo Bem e o sumo Mal, que renovava a fatal doutrina do dualismo pagão. Nesses pensamentos estava ele embebido até na hora da refeição; de repente, deu um murro na mesa, e exclamou: "Pronto! Estão derrotados os maniqueus!".

Pode-se imaginar o pasmo dos comensais. O Prior dos Dominicanos, que o tinha acompanhado, advertiu-o, puxando-o pela capa; e ele, como que despertado de um sono, pediu perdão da sua distração, dizendo que naquele momento julgava estar na sua cela e não na mesa do Rei. Este, porém, quis que se chamasse imediatamente um secretário, o qual recolheu da boca de Tomás o argumento simples e luminoso que ele descobrira contra aos maniqueus: "Se o mal, enquanto mal, não existe, porque é a ausência de bem e de entidade, o sumo mal é suma ausência de bem e de entidade: é o nada. E, assim, o suposto deus dos maniqueus, que eles chamam o Sumo Mal, não é senão o nada". ("Tomás de Aquino", LCDB, n. 610).

Contei este fato para que você, que não estudou filosofia, possa saber que palavras abstratas não significam realidade objetiva.

Somente mudando o indivíduo, que forma uma determinada sociedade, é que você muda a sociedade. É por isso que me dedico a falar para cada pessoa, pois, se a pessoa mudar, a sociedade, que significa a soma dos indivíduos, mudará.

Os problemas de uma sociedade, de acordo com a minha visão, são solucionados quando se vai diretamente ao indivíduo que é portador destes problemas. Mudando-se a situação de cada indivíduo portador do problema, resolveu-se o problema e a sociedade modificou-se.

Se você acusa a sociedade de violenta, é-lhe possível colocar a sociedade na cadeia? Não, porque sociedade é palavra abstrata.

Com isso, eu quero dizer que se gasta muita saliva em pregações, muito papel em jornais, revistas e livros, para mudar a sociedade e tudo fica como dantes no castelo de Abrantes. Mas, no momento em que se vai ao indivíduo violento, e se busca reeducá-lo, começou-se a mudar a sociedade. Se o Polidoro, que era ladrão, deixou de sê-lo, neste momento a sociedade tornou-se mais honesta. Portanto, aquele que modificou uma pessoa verdadeira, de carne e osso, com nome, endereço e tudo, esse é que é um benemérito da sociedade.

Um moço percorria todos os dias a praia, apanhando as estrelas-do-mar encalhadas na areia e jogando-as na água.

Numa manhã de sol, um filósofo passeava pela praia e ficou admirado de ver o jovem no seu afã de lançar as estrelas-do-mar na água.

- O que é que você está fazendo?

- Salvando as estrelas-do-mar.

- Mas, são quilômetros e quilômetros de praia e você pensa que pode salvar todos esses bichinhos jogados na areia?

O moço fitou o filósofo e ficou acariciando uma estrela-do-mar.

De repente, jogou o bichinho nas águas e disse:

- Mas, essa eu sei que viverá.

Esta história reflete uma realidade.

Quando dizem que a sociedade está podre, que a sociedade é injusta, que a sociedade é má, que a sociedade é opressora, não estão dizendo nada mais do que frases de efeito. Alguém já pegou a sociedade e a levou aos tribunais para julgamento? Não, porque palavras genéricas são impalpáveis.

Para quem conhece as Leis que regem o universo, fica mais do que claro que não é a sociedade a causa da miséria e da pobreza, mas é o indivíduo miserável e pobre a causa da sua própria miséria ou pobreza.

Não digo que seja sempre culpado pela sua miséria. Culpado é aquele que sabe o caminho e não segue por ele.

Prefiro dizer que o preguiçoso, o mendigo, o borracho dos bancos da praça, o faminto, são apenas ignorantes, pois desconhecem a chave que lhes abre as portas da abundância e do bem-estar. A não ser que sejam pobres por opção.

Certa vez, reuni os funcionários do Parque Oásis para dar-lhes alguns conselhos e orientação. Devido à urgência de certos serviços, contratamos bastante gente sem qualificação e sem referências. Até ladrões havia no meio do grupo. Como a coisa não estava andando bem, fiz uma preleção, explicando qual era o caminho do sucesso na vida e da riqueza. Por fim, disse: "Se vocês seguirem ao pé da letra as minhas orientações, em dois anos faço vocês ricos".

- Que promessa excitante! – dirá você.

Pois, lhe digo que não apareceu nenhum vivente para perguntar o que devia fazer a fim de enriquecer em dois anos. Nenhum. Nem os que passavam necessidade em casa.

A formação mental é o caminho da libertação da miséria.

Se você reparte o dinheiro dos que têm para os que não têm, não está ajudando em nada a melhorar o mundo pobre. Pode até incentivar a mendicância. Mas, se você ensina o caminho da riqueza e do sucesso, o pobre deixará de ser pobre pelo caminho mais rápido, e não retornará ao seu estado primitivo.

Se você simplesmente acusa os ricos de causadores da miséria e da pobreza dos pobres, está dando tiro em alvo errado. Tenho convicção de que o oprimido é a causa da sua própria opressão. Porque, no momento em que o morador dos bancos da praça decidir melhorar a sua vida pelo trabalho, pelo uso da sua mente poderosa e rica, entrando pela única porta que leva à abundância, neste momento ele se redimiu e começou a escalada infalível da riqueza. Os exemplos estão aí aos milhões para provar que esta tese é correta. Você mesmo conhece gente que vivia na sarjeta e hoje faz parte do clube dos milionários. Talvez até você mesmo seja um exemplo.

A MÁ SORTE NÃO SE ABATE SOBRE VOCÊ

Andersen, autor de vários livros sobre o Poder da Mente, escreveu: "A má sorte não se abate sobre você; você a cria". ("Três Palavras Mágicas").

A partir desta colocação, fica fácil chegar à conclusão de que não é a sociedade que faz você rico ou pobre: é você mesmo.

Em qualquer sociedade existem pessoas ricas e pessoas pobres.

O próprio Jesus, um dia, comentou esta verdade: "Pobres, sempre os tereis convosco".

Por quê?

Precisamente porque existem os que têm idealismo, fé, entusiasmo, inteligência aguda, versatilidade, dedicação, vontade decidida, força de trabalho, autoconfiança, equilíbrio mental, discernimento, objetivos definidos, pensamentos positivos, imaginação criadora, conhecimento do Poder Interior, reconhecimento de sua própria grandeza e capacidade; e há os que não querem nada com nada, os desinteressados, os preguiçosos, os negativos, os pessimistas, os autodestruidores, os abatidos mentalmente, os pequenos de pensamentos, os sem ideias e sem ideais, os ignorantes da sua capacidade, os que tudo esperam sentados, os viciados e sem força de vontade, os perturbados, os que seguem pelos descaminhos.

É a vida de cada um que faz a realidade da cada um.

Se você é uma pessoa pra frente, decidida a vencer, em qualquer sociedade e em qualquer ambiente você vence e progride.

Não é a sociedade que bloqueia o desenvolvimento e o progresso de um homem, mas é ele mesmo que se bloqueia mentalmente, pensando que a sociedade o está bloqueando.

Volto a insistir que o pensamento é uma realidade mental que busca expressar-se fisicamente.

Certo dia, encontrei um homem derrotado. Queixava-se amargamente da concorrência, do descaso que os outros fizeram da sua loja, levando-o a fechar as portas.

Tempos depois, passei no mesmo local e vi que outro comerciante abrira uma loja com o mesmo tipo de produto e ia de vento em popa.

- E a concorrência? – perguntei-lhe.

- Tem lugar para todo mundo. O sol nasceu para todos – respondeu ele, com largo sorriso, que bem denunciava o sucesso do seu negócio.

Qualquer pessoa, que colocar inteligência, alma, garra e coração no seu empreendimento, infalivelmente vencerá.

Você também, se pensar grande, será grande.

Se fosse verdadeira a tese de que somos o resultado da sociedade, o mundo estaria estagnado, porque só teriam vez os que já estavam em cima e nenhum valor mais conseguiria sobrepor-se. Mas, não é isso que acontece, graças a Deus.

A vida humana é dinâmica. Parecida com uma escada imensa em que as multidões vão subindo, cada um de acordo com o próprio impulso mental.

É a sua Força Interior, colocada no seu projeto, que fará você vencer.

O jogador de futebol, que ficar pensando que nunca terá lugar ao sol, porque existem tantos craques no time, já é um derrotado. Os craques de hoje foram os iniciantes de ontem. Venceram porque acreditaram na vitória.

O cantor famoso de hoje foi um aprendiz de ontem. Seguiu em frente, com fé e determinação, acreditando em si.

Os que ficaram sentados na beira do caminho, se queixando que a sociedade é injusta e cruel, não dando espaço para novos talentos, nunca saíram da margem.

Sucesso e riqueza não passam de estado de espírito.

O homem pobre do campo, sem terra, que não acreditar na sua capacidade de enriquecer, de ter terras, de progredir, e que não sentir dentro de si uma fé capaz de remover qualquer montanha de obstáculo, mesmo que lhe deem terras e máquinas não irá para frente e acabará novamente marginalizado, porque sua mente atrairá para ele o produto do negativismo. Dessa forma, mesmo que um homem não tenha terra nenhuma, se a sua mente estiver ligada na chama da vontade resoluta, da Força Interior, do desejo irresistível, da fé inquebrantável, acabará vivendo na sua própria terra, que terá o tamanho dos seus sonhos.

Conheço muitas pessoas que, de simples agregados, sem um palmo de chão, hoje são donos de prósperas fazendas.

Conheci colonos que, alguns anos atrás, não tinham onde cair mortos, e hoje vivem numa próspera área de terra de sua propriedade, com tratores, caminhões, automóveis e casa de alvenaria.

A matéria nasce da energia mental.

NÃO ESPERE PELA SOCIEDADE PARA ENRIQUECER

Se você espera pelas reformas sociais para enriquecer, está perdendo tempo e dinheiro.

Sei que se pregam por toda parte mudanças sociais, reformas fundamentais. Esses discursos, que se multiplicam e se inflamam na época das eleições, vêm se repetindo monotonamente desde o descobrimento do Brasil.

Se você esperar que a sociedade lhe traga tudo de mão beijada, vai morrer de fome. Porque a sociedade é você. Se você não se mexe, ninguém vai entrar na sua cabeça, nos seus braços, nas suas pernas, para mexê-lo.

Enquanto muitos ficam de trombone na boca, reclamando, brigando, agitando, outros aproveitam o tempo para progredir cada vez mais. Em breve, a distância que separa uns e outros será imensa. Só que, os que ficam atrás continuam achando que têm razão.

Você pode ouvir com atenção o recado dos que irrompem contra a sociedade desumana e contra o sistema, porque, afinal, eles estão imbuídos de boa vontade, mas reconheça que a sua vida é você, e que só você pode fazê-lo feliz e rico.

Mesmo durante as recessões econômicas, muita gente continuou enriquecendo.

Não espere pela sociedade; torne-se você uma parte forte e progressista da sociedade, e assim estará mudando a sociedade.

Uma sociedade pobre não se torna rica, a menos que os seus membros se tornem ricos. Portanto, tudo começa por você.

NÃO ESPERE MUDANÇA DE REGIME PARA ENRIQUECER

Há muita gente, inclusive sociólogos e religiosos, que assacam contra o sistema capitalista, como sendo a causa da pobreza dos pobres.

Se fosse o sistema capitalista a causa da pobreza dos pobres, aconteceria que, durante a vigência do sistema capitalista, todos os pobres continuariam pobres. Claro e lógico, porque o sistema não lhes daria chances de enriquecer.

Como, porém, multidões de pobres começam a enriquecer a cada dia, em todo o sistema capitalista, este não pode ser considerado, em si mesmo, a causa da pobreza dos pobres.

- Pois, então - perguntará você – qual é a causa da pobreza dos pobres que vivem no sistema capitalista?

A causa da pobreza do pobre é o próprio pobre. Isso eu venho afirmando desde a primeira página deste trabalho.

Eu parto do princípio de que todo o ser humano é o autor da sua própria vida e da sua própria realidade exterior.

- Como assim?!

Toda pessoa é o resultado da sua própria mente e não do regime ou do sistema.

O regime e o sistema podem ajudar a pessoa a atingir os seus objetivos mais ou menos rapidamente. Mas, se você não quiser, nenhum sistema fará você alcançar o seu progresso.

Mesmo no tempo em que era pecado cobrar juros sobre empréstimo de dinheiro, muita gente continuava pobre; mesmo num período em que o dinheiro é excessivamente caro, muita gente continua enriquecendo.

AGORA DESCANSE UM POUCO E RIA

Se um doido varrido, e encerado, resolvesse redigir a nova constituição brasileira, com certeza escreveria assim:

Artigo 1 – O Brasil é um país que não tem jeito. Mas tem muito jeitinho.

Artigo 2 – Todo cidadão tem direito a emprego sem trabalho. Só é permitido o trabalho aos domingos, mas todos os domingos, sem exceção, são feriados obrigatórios.

Artigo 3 – Fica extinto o Governo e todos os cargos públicos, inclusive as estatais, até que o país consiga pagar as dívidas e acumule reservas inesgotáveis de ouro e divisas. Isto alcançado, recriem-se os cargos públicos; afinal, nesta terra abençoada, todo cidadão deve ter livre acesso a qualquer divertimento.

Artigo 4 – Os alimentos ficam congelados ao preço do ano base de 1810. Está isenta de congelamento apenas a comida que deve ir ao fogo.

Artigo 5 – Todos têm direito à casa própria, a preço de doação. Se nem assim puder pagar, seja concedido empréstimo para tal.

Artigo 6 – A gasolina terá o preço da água e a água terá o preço pago pelo peixe, porque nenhum animal será superior ao homem, a não ser o macaco, pois chegou primeiro.

Artigo 7 – Ficam proibidos todos os animais raivosos e perigosos, inclusive o leão do imposto de renda.

Artigo 8 – Todos os bancos concederão empréstimos sem juros e sem devolução. Caso o cliente não puder cumprir, dispensam-se também essas exigências.

Artigo 9 – Fica rigorosamente proibido falar em impostos. E, se alguém pagar, irá para a cadeia.

Artigo 10 – Todo cidadão está dispensado da carteira de

identidade. Basta mostrar a cara. Assim, ninguém poderá livrar a cara ou deixar de usar a cabeça.

Artigo 11 – Quanto à religião, só há um mandamento: Ir para o céu. Mas não há pressa.

Artigo 12 – Ficam abolidas as passagens para qualquer viagem, inclusive para a eternidade.

Artigo 13 – Todo funcionário público está dispensado de prestar serviço de qualquer natureza ao povo. É um direito adquirido por usucapião.

Artigo 14 – Todo salário será aumentado diariamente. Esta lei é retroativa ao ano de 1910. Somem-se todos os mil réis, os contos, os cruzeiros, os cruzados, os reais, e pague-se em dólares.

Artigo 15 – Cada cidadão tem direito à terra que quiser. Quando se chegar ao terceiro andar, cancele-se a lei por absoluta falta de elevadores.

Artigo 16 – Todas as greves são permitidas, inclusive a greve contra greve. Qualquer grevista no uso de suas atribuições tem direito à casa, cama, comida, roupa lavada, sombra e água fresca.

Parágrafo único – É permitida também a greve por correspondência.

Artigo 17 – Todo cidadão que estiver cansado de tanto não fazer nada, tem direito à aposentadoria imediata.

Artigo 18 – Todo o brasileiro tem direito a serviço médico gratuito, inclusive os médicos; se, mesmo assim não houver doentes neste país, aplique-se imposto compulsório sobre saúde.

Artigo 19 – Todo cidadão tem direito ao salário antes de trabalhar.

Parágrafo único – A nenhum cidadão é permitido trabalhar após receber o salário, sob pena de demissão do emprego por justa causa.

Artigo 20 – É rigorosamente proibido pagar água, luz e gás; os infratores serão condenados a dois anos de excesso de água, luz e gás.

Artigo 21 – Todos os casamentos têm direito à indenização.

Artigo 22 – Sejam expulsos do país todos os mosquitos da febre amarela, dengue, tigre africano, assim como o barbeiro da doença de chagas. Faça-se chegar a lei ao conhecimento dos interessados e deem-se dois dias para defesa. No caso de ganho de causa por parte dos réus, devolvam-se a tinta amarela, os tigres, as denguices e os aparelhos de barbear.

Artigo 23 – Toda a imprensa é livre e cabe-lhe o direito de botar o preto no branco, exceto a tevê colorida.

Artigo 24 – As metas prioritárias da República continuam sendo o futebol e o carnaval.

Artigo 25 – Pague-se a dívida externa com a dívida interna; depois, pague-se a dívida interna com a dívida externa. O dinheiro que sobrar seja aplicado em cadernetas de poupança de renda fixa com juros aumentados semestralmente a cada dois meses de quinze em quinze dias, ou seja, uma vez por semana.

Artigo 26 – Acrescente-se mais uma cor à bandeira nacional: a mulata.

Ficam revogadas todas as leis anteriores e posteriores, inclusive as atuais.

* * *

Pronto, agora que você esfriou a cabeça, espreguice-se na cadeira e siga a leitura. E lembre-se que rir é um dom maravilhoso que você deve cultivar todos os dias.

CLASSE OPRESSORA E OPRIMIDA?

Existe uma corrente ideológica que divide a humanidade em duas classes: opressores e oprimidos.

Esta colocação é, a meu ver, simplista, imperfeita e destituída de seriedade.

Se fosse legítima esta tese, não existiria ninguém, neste mundo, que não pertencesse à classe dos oprimidos, porque sempre sobra alguém que, de alguma maneira, está mais em cima.

Segundo os defensores dessa ideologia, os empregados são oprimidos pelos empregadores, os empregadores são oprimidos pelo Governo, o Governo é oprimido pelos países ricos, os países ricos são oprimidos pelos opositores; os comerciários são oprimidos pelos comerciantes, os comerciantes são oprimidos pelos fornecedores, os fornecedores são oprimidos pelas fábricas, as fábricas são oprimidas pelas indústrias de matéria-prima, as indústrias de matéria-prima são oprimidas pelos mineiros, os mineiros são oprimidos pelos patrões, os patrões são... e começa tudo de novo; os bancários são oprimidos pelos banqueiros, os banqueiros são oprimidos pelo Banco Central, o Banco Central é oprimido pelo Presidente da República, o Presidente é oprimido pelos produtores e exportadores, os produtores e exportadores são... e começa tudo de novo; os padres são oprimidos pelos bispos, os bispos pelo Papa; os religiosos são oprimidos pelos seu superiores; as freiras pelas superioras provinciais, as provinciais pela Superiora Geral, a Superiora Geral pelo Vaticano; as aeromoças são oprimidas pelos comandantes, os comandantes pelos donos da Companhia Aérea, os donos da Companhia pelo Ministério dos Transportes; e assim por diante, numa corrente sem fim e sem fundo.

De repente o sem-terra adquire uma terra e já se torna

opressor do sem-terra; o comerciário monta um negócio e passa a ser o opressor de outro comerciário.

Depois vem o jogador de futebol oprimido pelo técnico, o técnico oprimido pelo Vice-presidente de Futebol. O Vice-presidente de Futebol oprimido pelo Presidente, o Presidente oprimido pelo clube, o clube oprimido pelos jogadores, e começa tudo de novo; o cantor é opressor do seu ajudante; o artista é opressor do auxiliar; a cozinheira do padre é oprimida pelo padre, e por aí a fora.

Tomada numa visão global, esta tese radical não passa de idiotice.

O que existe é uma hierarquia de valores e de funções. Como pode funcionar uma indústria em que todos mandam? Se todo mundo manda, ninguém obedece e, se ninguém obedece, tudo vai para o beleléu.

Até os radicais, que levam a sério esta colocação, estão inseridos na situação de opressores e oprimidos. Seus chefes são seus opressores e eles são opressores de seus subalternos. Os adeptos do seu partido são oprimidos pelos seus presidentes.

A verdade é que ninguém é escravo de ninguém. O funcionário pode livremente deixar de trabalhar para seu patrão, ou pode adquirir uma empresa própria. O sem-terra pode economizar e, com suas economias, comprar alguns palmos de terra que, aos poucos, vão tornando a sua propriedade de tamanho satisfatório. E não ria, porque há muitos sem-terras que hoje são grandes proprietários.

Prêntice Mulford, escreveu: "Na maioria dos casos, o que chamamos a opressão ou o domínio do forte sobre o fraco, do rico sobre o pobre, nada mais é, afinal, que o pobre e o fraco carecem de ambições, não aspiram melhorar sua sorte, contentando-se com viver em uma pocilga e ter sempre diante dos olhos só coisas desagradáveis e repugnantes.

Uma grande parte do dinheiro, que hoje se dá por caridade aos pobres, não faz mais do que passar da bolsa de um homem rico para a de outro rico, sem conseguir aliviar a miséria do pobre, ou fazendo-o apenas parcial e temporariamente. Levemos, por exemplo, este inverno, meia tonelada de carvão à miserável vivenda de um homem pobre; é verdade que a sua família poderá aquecer-se durante alguns dias, mas o verdadeiro proveito foi para a companhia carbonífera que vendeu esse carvão.

O mal está em que muitos homens não sabem desejar nem ambicionar mais do que os animais inferiores ambicionariam". ("Nossas Forças Mentais").

As diferenças de remuneração se devem às diferenças de capacidade, de conhecimentos, de atuação, de especialização, de produtividade, de empenho, de dedicação, de esforço, de comercialização, de capital de giro e de outros fatores.

Além disso, uma empresa pode não ter dinheiro para pagar seus operários pelo simples fato de não conseguir vender o produto.

Se a tese opressores-oprimidos fosse levada ao pé da letra, jamais alguém deixaria de ser opressor e jamais esse mesmo alguém deixaria de ser oprimido, porque, na ordem da vida humana, cada pessoa tem gente à sua frente e atrás de si.

Grande parte das indústrias de Caxias do Sul e arredores, por exemplo, nasceram de operários que foram economizando um pouquinho de cada mês para adquirir ferramenta própria, a fim de produzir, por conta própria, nos fundos da casa, após o término do expediente na indústria. Porém, é bom ressaltar que, enquanto estes voltavam para casa com o intuito de realizar algum trabalho, outros sentavam nos bares das esquinas para bebericar. E aí começa a diferença de situação econômica.

Num muro, situado no outro lado da rua, escreveram: "Desemprego é violência". Senti vontade de mandar acrescentar: "Ou preguiça".

Deus dá a linha a quem tece – diz o ditado.

A Bíblia, no livro do Eclesiastes, afirma: "Por causa da preguiça desabam as vigas do teto, e por braços caídos choverá dentro de casa". (10, 11). Neste caso, estaria correto dizer que o morador de uma casa bonita e confortável está cometendo injustiça contra seu irmão que vive numa casa em que as vigas do teto estão desabando e chove dentro?

Henry Ford faz uma colocação que eu acho genial. Diz ele que, numa empresa, sempre deve haver três sócios: "O consumidor – e receberá ele a sua quota de lucros sob a forma de produtos cada vez melhores e cada vez mais baratos; o segundo sócio é o operário – receberá ele a sua parte sob a forma de salários cada vez mais altos; e o terceiro, é o dono, recebendo ele um equitativo dividendo".

AMBIENTE DE POBREZA É CAUSA INSUPERÁVEL DE POBREZA?

Nas palestras que profiro sobre o tema da riqueza, algumas pessoas se apressam a fazer-me a seguinte colocação: Adianta mentalizar a riqueza num ambiente de pobreza? Como posso progredir, se a minha cidade é a mais pobre do país e tem um nível de vida muito baixo?

Você deve compreender que existem partículas de ouro no ar, em toda parte.

A riqueza jorra em qualquer lugar. É que a fonte da riqueza está na mente.

Antigamente, o local onde se situa hoje a próspera cidade de Santa Maria era mato e campo. Depois, houve um pequeno acampamento montado pelos demarcadores de terras.

Numa das viagens a Minas Gerais, contaram-me que a cidade de Ouro Preto, na época de Tiradentes, tinha população maior do que Nova Iorque.

O ambiente se modifica porque a mente do homem o faz modificar-se.

Conhece você a história do bispo de Córdova, um frade dominicano de setenta e seis anos de idade? Quando ele chegou em Córdova, cidade provinciana do sul da Espanha, esta cidade era uma das mais pobres daquele país. Em torno da antiga cidadela amuralhada, crescera um vasto círculo de pardieiros e de ruas sujas e sem calçamento. Quase metade da população vivia em habitações que, muitas vezes, não serviriam nem para animais. Os mendigos eram legião; o crime, o vício e a doença eram coisa normal. O bispo levou semanas percorrendo a cidade, falando com centenas de pessoas, visitando as casas dos pobres e dos abastados. Nas favelas não encontrou senão desanimada resignação. No limpo centro da cidade, os mais afortunados não mostravam interesse pelo horror que havia a um quilômetro de distância.

- Ninguém parecia ter consciência e nem coragem – diz o Bispo.

Rezou, pensou e veio-lhe à mente um plano arrojado, mas exequível.

Trouxe um sacerdote ativo para seu secretário de ação e ambos entraram em contato com as forças vivas da cidade, engenheiros, banqueiros, construtores, arquitetos, fabricantes, comerciantes e lhes pediram uma hora de serviço por dia para a construção inicial de 1500 casas para os pobres.

Cada família – explicou Dom Reigado, o Bispo – deve ter seu canto particular, uma casa, um pátio, um lugar onde possa ter as suas flores.

Os arquitetos fizeram as plantas.

Começava o problema do dinheiro para a construção, uma vez que o povo era muito pobre.

O povo – disse o Bispo – quando souber exatamente o que pretendo fazer, contribuirá. O Governo de Madrid também. Os bancos também. Quando é absolutamente necessário, o Senhor tem meios até de conseguir crédito.

Foi criada uma comissão de obras, chamada Sagrada Família.

Três anos depois, mais de 1500 casas novas e bem-feitas tinham sido construídas em dois dos bairros da cidade. Para o transporte do material conseguiram meia dúzia de veículos postos de lado pelo Exército Espanhol; obtiveram máquinas de uma oficina de reparos e contrataram mecânicos desempregados. Daí resultou uma florescente empresa de caminhões. As modestas fábricas de telhas, tijolos, blocos de cimento, que o Bispo fundou, tornaram-se prósperas empresas. Criou, ainda, padarias, mercados com os melhores gêneros pelos menores preços. Foram construídas casas mais confortáveis para os de melhores posses e casas mais simples para os mais pobres. Embora todas as casas continuem legalmente propriedades da Sagrada Família, os seus inquilinos – mesmo pagando as mensalidades estipuladas de acordo com o salário ganho – são levados a pensar que na realidade são proprietários e o contrato de aluguel pode ser legado a herdeiros. Assim foi feito para estimular a residência permanente. Foram, ainda, construídos colégios, com cursos de aprendizado de profissões.

Feitas as contas, o empreendimento custou ao Tesouro Espanhol 200 milhões de pesetas. Mas só um terço dessa quantia foi pura e simples doação. Os outros dois terços estão sendo pagos pela diretoria da Sagrada Família. Cerca de 12 milhões de pesetas representaram a contribuição dos cordoveses.

Dez anos depois, a cidade se transformou numa terra florescente e feliz, que exerce influência cada vez maior sobre toda a nação espanhola. (Seleções, out. 1958. Condensado de "The Catholic Word").

Quem poderia imaginar que, de um monte de pardieiros e favelas, pudesse jorrar tanto dinheiro e condições para realizar a redenção daquela gente?

A mente de um homem criou aquele milagre. Se essa mente, tão rica de imaginação e de fé, não existisse, provavelmente a situação daquela gente hoje estaria muito pior.

Russell H. Conwell conta sobre 107 milionários, que tinham, então, mais de dez milhões de dólares em imóveis. Desses 107 milionários, 67 deles fizeram a sua fortuna em cidade de menos de 3500 habitantes.

Para aqueles que afirmam que é o ambiente rico que faz a riqueza das pessoas, convido-os a irem comigo visitar um lugar ou uma cidade considerada rica, onde o dinheiro jorra em abundância. Pois, ali mesmo eles verão que, ao lado de pessoas ricas, moram pessoas pobres. Ali estão, também, comerciantes que crescem e prosperam e comerciantes que vão mal e fecham as portas.

Se fosse o ambiente que levaria à riqueza ou à pobreza, todos os habitantes de uma região rica seriam ricos e os habitantes de uma região pobre seriam pobres.

Claro que alguns ambientes, teoricamente, podem ser mais favoráveis ao progresso dos seus moradores, mas o progresso e a riqueza são fruto da mente de cada um.

Mesmo que você viva no ambiente mais rico do mundo, se fez votos de pobreza, e os cumpre, jamais será rico. O mundo exterior será infalivelmente o resultado do seu mundo interior.

PARA SER RICO É PRECISO NASCER RICO?

Muita gente fica sentada à beira do caminho, reclamando da infelicidade de não ter nascido em berço esplêndido.

- Como minha vida seria diferente! – exclamam eles. – Ah, se eu fosse filho de um milionário!

Para ser rico não é necessário nascer em berço de ouro, porque a maioria dos ricos de hoje nasceram mais pobres do que você.

- Ah! – exclamam outros – se eu ganhasse na loto, seria rico!

Para ser rico não é necessário ganhar na loto. Entre os milhões de brasileiros que são ricos, contam-se nas mãos, por assim dizer, os que ganharam fortuna na loto.

É bom, também, você dar-se conta de que um número infindável de filhos de pais ricos hoje estão de mãos abanando. E há gente que levou os milhões da loteria esportiva e, no entanto, o dinheiro se foi por água abaixo.

"De nada ajuda a um jovem ou a uma jovem – escreveu Russell H. Conwell – herdar dinheiro. De nada ajuda a seus filhos deixar-lhes dinheiro. Porém, se vocês lhes deixam educação, se vocês lhes deixam um caráter cristão e nobre, se vocês os deixam com um vasto círculo de amigos, se vocês os deixam com um nome honrado, isto é muito melhor do que se eles tivessem dinheiro...

Eu tenho piedade dos filhos de homens ricos a não ser que eles tenham o bom senso do mais velho dos Vanderbilt, o que às vezes acontece. Ele dirigiu-se ao pai e perguntou:

- O senhor ganhou todo o seu dinheiro?

- Ganhei, meu filho. Comecei a trabalhar num ferry-boat por vinte centavos de dólar por dia.

- Nesse caso – disse o filho – não quero nada de seu dinheiro.

E ele, da mesma forma, tentou obter um emprego num ferry-boat, na noite daquele sábado; não conseguiu o emprego ali, mas arranjou um lugar por três dólares por semana. Naturalmente que, se o filho de um homem rico fizer isso, ele adquirirá a disciplina de um rapaz pobre, que vale mais para um homem do que uma educação na universidade. Dessa forma, ele seria capaz de tomar conta dos milhões do pai. Porém, como regra, os homens ricos não deixam seus filhos fazerem a mesma coisa que os fez grandes". ("Uma Fortuna Ao Seu Alcance").

Sei que são incontáveis os filhos de comerciantes, industriais e profissionais liberais bem-sucedidos, que não dormem nos louros das vitórias dos pais, mas tratam de caminhar por suas próprias pernas, com a certeza de que seu talento, sua vontade, sua garra, sua autoconfiança e sua força positiva os levarão a subir na vida por si mesmos.

Se você fica sentado na cadeira de balanço, ou fica tomando heroína, porque seu pai é rico, muito cedo vai conhecer a desgraça.

É a sua mente positiva e forte que levará você a subir cada vez mais na vida e não a fortuna do seu pai.

Diz a Bíblia: "Aquele que é mole e frouxo no seu trabalho, é irmão do que dissipa as suas obras". (Prov 18, 09).

Assim também fala o livro dos Provérbios: "O preguiçoso não quis lavrar por causa do frio; ele mendigará, pois, no verão, e não se lhe dará coisa alguma". (20, 04). "Não queiras ser amigo do sono, para que a pobreza não te oprima; abre os teus olhos, e sê farto de pão". (20, 13).

Lembre-se sempre que a fé conduz às obras. Isto significa que seu pensamento positivo de riqueza, de progresso, de sucesso, impulsionará você a navegar por esses mares onde prolifera a abundância.

Você pode mentalizar o emprego, e tudo o mais, até mesmo deitado. Mas, o seu subconsciente, que atende ao pedido, indicar-lhe-á o caminho para conquistar essa realidade e, então, você sairá a campo para apanhar a riqueza que desejou para si.

Certo dia, um senhor veio me procurar, bastante desanimado.

- Puxa vida – exclamou ele – como eu gostaria de montar um negócio!

- E por que não monta?

- Olha, é que me falta capital. Se eu tivesse capital, como eu ficaria rico!

- Sabe você – perguntei-lhe – por que é que este enorme edifício está pronto, acabado, bonito, valioso?

- Não.

- Porque um dia o seu proprietário colocou o primeiro tijolo. Grandes redes de supermercados começaram com um pequeno boteco. O empresário Silvio Santos, dono de uma rede de televisão e de outros grandes empreendimentos, começou a vida somando minúsculas moedas. Era camelô. Maurício Sirotsky Sobrinho, fundador e proprietário de uma grande rede de televisão, rádio e jornal, no sul do Brasil, quando faleceu foi sepultado com muitas homenagens. Um dos oradores disse: "O Maurício, praticamente do nada fez um grande império".

Conheço muitos milionários brasileiros que, um dia, começaram a vida sem nenhum capital.

Esses que vivem se exclamando pela falta de dinheiro, de capital, de oportunidade, de padrinho rico, o que lhes falta, na verdade é uma idéia rica e forte.

Não importa por onde você começa. Se começa com uma ideia grande e poderosa, ela infalivelmente se tornará realidade material.

"Em todo o objetivo – escreveu William James, pai da moderna psicologia norte-americana – nosso entusiasmo por ele nos livrará do malogro. Se nos interessarmos bastante por um resultado feliz, nós, com certeza, o alcançaremos. Se quisermos ser ricos, seremos ricos, se quisermos ser bons, seremos bons. Só temos, então, de querer realmente tais coisas, e de não querer, ao mesmo tempo, com igual veemência, uma centena de outras coisas incompatíveis".

É, portanto, o pensamento forte, decidido, unívoco, que conduz o homem ao sucesso no seu empreendimento.

Não chore a falta de capital. Sua mente é uma mina de tesouros infinitos.

Comece.

Caminho começado é meio andado.

"El camino se hace caminando" – diz o ditado castelhano.

Agora pense nesta afirmação da Bíblia: "Formarás os teus projetos e terão feliz êxito, e a luz brilhará em teus caminhos". (Jó 22, 28).

PODEM OS QUE ESTÃO POR CIMA SUFOCAR VOCÊ E SEUS TALENTOS?

Certa vez, eu estava ouvindo uma palestra e o conferencista criticava acerbamente a situação, dizendo que os que estão por cima nos mais variados ramos de negócios não dão oportunidade aos que vêm chegando, frustrando totalmente as expectativas e o entusiasmo do mundo jovem.

Com isso, queria provar que a sociedade era injusta, dando tudo a uns e pouco ou nada a outros. Mas, este palestrante esqueceu de perceber que os que hoje estão por cima um dia começaram por baixo.

Faça uma pesquisa junto aos bem-sucedidos economicamente e você verá que a maioria absoluta começou praticamente da estaca zero.

Eu tenho comigo aqui um livro em que Atílio Fontana, fundador da SADIA, da Transbrasil, e dono de outros empreendimentos, conta a sua vida.

Descendente de uma família pobre, realizou o seu primeiro negócio com 13 anos de idade, em sociedade com o pai. Este adiantou-lhe os vinte mil réis que ia precisar para iniciar o negócio, pelo qual comprava ovos, frangos e produtos coloniais a fim de vendê-los quando saía em viagem de carroça. Com 44 anos, assumia a SADIA, hoje internacionalmente famosa. Por volta dos cinquenta anos de idade, fundava, com seu irmão Omar, a Transbrasil. Além disso, Atílio Fontana foi Deputado Federal, Senador e Vice-governador.

Muitos dos grandes homens do nosso país começaram a vida muito pobremente. Portanto, sempre há espaço para todas as pessoas que quiserem subir na vida. O sol nasceu para todos – diz o ditado.

Um exemplo muito ilustrativo do que eu estou afirmando é a vida do famoso Walt Disney. Não pense que o dono de uma das maiores fortunas do mundo nasceu em berço dourado. Pelo contrário, na sua juventude nada tinha a não ser forte pendor para desenhos em quadrinhos, cujas tiras eram rejeitadas pelos editores, quem sabe lá até aconselhando-o a desistir dessa atividade, por falta de talento e por já existirem muitos desenhistas famosos e melhores do que ele nessa profissão. Mas, o rapaz não desistiu. Ao invés de ficar sentado à beira da estrada, lamentando a sua sorte e criticando azedamente o sistema capitalista que não lhe dava chance, continuou tentando, até que um pastor lhe ofereceu emprego de desenhista de cartazes publicitários das principais festas religiosas. A fim de instalar-se, deram-lhe uma velha garagem, onde dormia e trabalhava, na companhia de alguns ratos. Pois, foi um desses ratos que lhe inspirou as histórias do famoso camundongo Mickey. Foi o começo de uma das mais maravilhosas histórias humanas do nosso planeta, toda feita de humor, ensinamentos, diversões e ternura. Desta mente estupenda, nasceram milhões de publicações, inúmeras produções cinematográficas, a Disneylândia, na Califórnia, Disney World, na Flórida e outros fantásticos parques de diversões.

Não, meu amigo, ninguém tem o poder de sufocar o seu talento, a sua fibra e a sua vontade inquebrável.

Siga em frente, com fé e entusiasmo, que você vencerá, porque há lugar para todos.

Não fique aí a amaldiçoar o mundo e os grandes, porque a maldição acaba caindo sobre a sua própria cabeça, uma vez que o ódio atrai o ódio e a mágoa atrai a mágoa.

Você é o que são seus pensamentos.

Pensamentos de fracasso e desânimo produzirão fracasso e desânimo.

Pensamentos de sucesso e riqueza produzirão sucesso e riqueza, mesmo que você esteja começando a vida no meio das grandes multinacionais.

Sempre há lugar para você. O mundo é um leque infinito.

Só você pode derrotar você.

Só você é o grande autor da sua grande vitória econômica.

Abandone a falsa ideia de que, já que existe tanta gente grande e rica no seu espaço, só lhe resta contentar-se com o segundo ou terceiro plano.

Nada disso.

Pode começar de baixo, mas sua mente e sua imaginação devem voar alto. Trabalhe em paz e com a mente cheia de alegria e fé, mas coloque a sua aspiração lá em cima.

Diga com insistência para si mesmo: Se eles puderam, eu também posso!

Ralph Waldo Emerson, filósofo, pensador, poeta norte-americano, escreveu: "Um pouco de exame atento do que ocorre em volta de nós, todos os dias, viria mostrar-nos que uma lei mais elevada do que a de nossa vontade é que controla os acontecimentos; que nossos esforços penosos são desnecessários e infrutíferos; somente em nosso ato fácil, simples e espontâneo, temos força. Coloquemo-nos no meio da corrente do poder e da sabedoria que anima tudo a que dá sustentação e seremos impelidos sem esforço à verdade, ao direito e ao contentamento perfeito." ("Leis Espirituais").

Quando você começa um empreendimento, coloque-o, como ensina Emerson, no meio da corrente do Poder e da Sabedoria Infinitos e você verá que as realizações fluirão fáceis, simples e espontâneas.

MESMO SEM ESTUDO VOCÊ PODE ENRIQUECER

Certa vez, um senhor queixou-se a mim dizendo que não tinha nenhuma chance de enriquecer, porque seus pais eram pobres e não puderam dar-lhe escola.

Parece um argumento ponderável, mas não é.

Em primeiro lugar, você deve saber que pode não ter estudado, mas não pode deixar de ter a Sabedoria Infinita dentro de si.

A intuição, por exemplo, é um lampejo de sabedoria que transcende os conhecimentos universitários.

Quantos homens de valor, grandes descobridores, fantásticos inventores, não tiveram nenhum estudo acadêmico.

Uma imensa massa de homens ricos são até analfabetos de pai e mãe, como diz aquela piada.

Mark Twain frequentou uma humilde escola rural até os doze anos. Esta foi a sua educação escolar. Escreveu, porém, vinte e três livros, tornou-se a mais famosa figura literária de sua geração e recebeu grau honorário das Universidades de Oxford e Yale. Era procurado pelos homens mais cultos do seu tempo e ganhou milhões de dólares com suas obras. ("Como Venceram os Grandes Homens", de Dale Carnegie).

Jack Dempsey costumava ir para a escola montado numa mula.

"Tinha muito pouco interesse em meus estudos – conta ele próprio – e assim não recebi educação, por isso não compreendia o que aquela gente estava dizendo".

Pois, este homem se tornou famoso lutador de boxe, campeão mundial. Só numa luta, ganhou mais de dois mil dólares por segundo, durante duzentos e trinta e sete segundos. ("Como Venceram os Grandes Homens", de Dale Carnegie).

Alfredo Emmanuel Smidh contou para Dale Carnegie, que lhe perguntara por quanto tempo frequentara a escola: "Bem, deixe-me ver, deixe-me ver... Não lembro com certeza. Nasci em 1873. Oh, creio que passei uns sete ou oito anos na escola, mas não poderia provar. Nunca me formei em coisa alguma e não tenho documentos que provem que jamais pisei em uma escola".

Este homem, no entanto, foi governador do Estado de Nova Iorque, por quatro turnos e chegou a ser candidato Democrático à Presidência dos Estados Unidos. Seis grandes Universidades incluindo as de Columbia e Harvard, conferiram-lhe diploma honorário por suas brilhantes realizações como estadista e abnegação pela causa da humanidade. ("Como Venceram os Grandes Homens", de Dale Carnegie).

Muitos brasileiros milionários também não conheceram os bancos escolares. Mas, sobre o que eles faziam, você podia enumerar mil perguntas que, com certeza, teria resposta.

Quando uma pessoa enceta um caminho determinado para sua realização na vida, o faz porque gosta. E, porque gosta, procurará saber tudo que é possível sobre o assunto. Torna-se erudita naquele pedaço do universo.

Se você perguntar a esse milionário o que significa H_2O, talvez não saiba responder, mas lhe dirá tudo sobre plantio de arroz, pois vive nisso e disso.

Não é o estudo acadêmico que faz uma pessoa rica, mas o uso das Leis que tornam a pessoa rica.

Se fosse o estudo, por si somente, que tornasse o homem rico, todos os homens estudados seriam ricos. A vida prova que não é isso que acontece.

O estudo torna a pessoa estudada.

O uso das Leis mentais torna a pessoa rica.

Riqueza, como você viu, é estado de espírito.

Não estou dizendo que o estudo deve ser desprezado. Não é isso. O estudo escolar e universitário, bem como o autodidatismo, são muito importantes, porque expandem as dimensões da mente. Quanto mais alguém percorrer os espaços da sua mente, maior será sua grandeza humana.

Se você sabe matemática, geografia, história, agricultura, política, religião, piscicultura, línguas, arqueologia, parapsicologia, medicina, macrobiótica, engenharia, música, oratória, dança, zoologia, geologia, astronomia, arquitetura e outras ciências, com certeza sua dimensão mental é muito superior à daquele que só sabe fabricar canivetes, nada mais. Mas, mesmo que uma pessoa conheça todas as ciências acima citadas, só ficará rica se usar as Leis da mente que a tornam rica.

QUEM TEM DEVE DAR PARA QUEM NÃO TEM?

"Era uma vez uma pequena galinha carijó, que vivia ciscando no quintal, até que um dia encontrou uns grãos de trigo. Chamou os vizinhos e disse:

- Se plantarmos esse trigo, teremos pão para comer. Quem quer me ajudar a plantá-lo?

- Eu não – mugiu a vaca.

- Nem eu – grasnou o pato.

- Nem eu – crocitou o ganso.

- Então eu vou plantá-lo sozinha – disse a galinha carijó.

E assim fez.

O trigo cresceu bem alto e amadureceu com espigas douradas.

- Quem vai me ajudar a colher o trigo? – perguntou a galinha.

- Eu não vou – disse o pato.

- Está abaixo da minha categoria – resmungou o porco.

- Não vou rebaixar meu status – anunciou a vaca.

- Não vou perder meu subsídio de desemprego – queixou-se o ganso.

- Então, vou colher o trigo sozinha – disse a galinha carijó.

E assim fez.

Finalmente, chegou o tempo de assar o pão.

- Quem vai me ajudar a assar o pão? – perguntou a galinha.

- Está fora do meu horário – disse a vaca.

- Não vou perder meu subsídio da Previdência Social – desculpou-se o pato.

- Nunca me formei, por isso não sei como fazê-lo – declarou o porco.

- Se eu for o único a ajudar, isso será uma forma de discriminação – raciocinou o ganso.

- Então eu vou assá-lo sozinha – disse a galinha carijó.

Assou cinco pães e mostrou-os aos vizinhos.

Todos eles quiseram um pedaço. (Na verdade, exigiram uma parte).

Mas, a galinha carijó disse:

- Não, eu posso muito bem comer os cinco pães sozinha.

- Excesso de lucros! – gritou a vaca.

- Sanguessuga capitalista! – berrou o pato.

- Exijo direitos iguais! – praguejou o ganso.

O porco apenas grunhiu de raiva.

Então, pintaram cartazes, tachando de "desleal" a galinha carijó, e fizeram uma marcha de protesto, gritando obscenidades.

O agente fiscal chegou e disse à pequena galinha carijó:

- Você não deve ser tão gananciosa.

- Mas eu trabalhei para ganhar o pão – disse a galinha carijó.

- Exatamente – atalhou o funcionário. – Esse é o maravilhoso sistema da livre iniciativa. Qualquer um pode ganhar o que quiser, mas, segundo as leis governamentais, os trabalhadores produtivos devem dividir o produto do seu trabalho com os inativos.

E todos viveram felizes para sempre – mas os vizinhos da pequena galinha carijó nunca puderam compreender porque ela nunca mais assou pão". (Seleções, Condensado de Nation's Business).

Pode parecer muito justo, humano e cristão, exigir que se reparta o pão e pregar que, os que têm, estão na obrigação de dar aos que não têm, porque todos somos irmãos. Mas, isto é o mesmo que mandar invadirem as terra dos outros, saquearem os supermercados, tomarem as casas de assalto, apossarem-se dos carros, arrancarem as roupas das lojas, meterem a mão nas indústrias para embolsarem a produção da fábrica. Só que a galinha carijó não vai mais plantar o trigo, nem colhê-lo, nem assá-lo.

- Mas deixar morrer de fome não é pior? – perguntará você.

- E se ninguém mais produzir, todos morrerão de fome.

- Mas, não é justo uns terem demais, outros terem de menos.

- Não se trata de injustiça. Trata-se de ignorância.

- Por que ignorância?- Indagará, perplexo, você.

- Porque, se todos os pobres, miseráveis, inativos, famintos, carentes, soubessem que a fonte da riqueza infinita está no seu interior, nunca iriam exigir dos outros, mas de si mesmos.

Ninguém está passando fome porque o pão, o leite, o arroz e o feijão estão no supermercado, mas está passando fome porque não sabe que a fonte de todos os bens está dentro de si mesmo.

- Não acredito – dirá alguém. – Mente e pensamento positivo não enchem barriga e nem vestem os que passam frio.

- Puro engano. O homem é o que é a sua mente. O que se planta na mente se colhe no mundo material.

Seu pensamento faz todas as coisas, animadas e inanimadas, trabalharem na realização do seu desejo.

Aja de tal forma que possa receber corretamente o que está desejando. Não vá pelo caminho da esmola, do roubo e da extorsão, porque sua mente, assim afundada, colocará você no submundo da miséria. Levante a cabeça. Pense grande. Você é filho de Deus e não um miserável incapaz de sustentar-se.

Ninguém está bloqueando o seu caminho, a não ser você mesmo, não se dando valor e não acreditando em si. Você tudo pode.

Joseph Murphy escreveu: "Tudo aquilo que desejamos já se encontra à nossa disposição em nossa mente sob a forma de pensamento. Reivindique os seus desejos e sinta a sua realidade. As noções de espaço e de tempo inexistem para a Mente Infinita. Deixe de se autolimitar, remova todos os obstáculos de sua mente, para que possa usufruir já as alegrias e os frutos de suas preces. ("A Força do Poder Cósmico do Subconsciente").

Se tudo o que você deseja já se encontra à sua disposição, não há razão para querer apossar-se do que é dos outros.

Pois, eu dizia que a fome e a miséria são causadas pela ignorância, porque, se as pessoas soubessem que a semente lançada na mente vai infalivelmente produzir os frutos, ao invés de ficarem se queixando e amaldiçoando a vida, estariam definindo na mente os seus objetivos e fazendo a oração diária e permanente para a sua realização.

- E acontece?

- Claro que acontece. Jesus, os mestres, e a ciência do Poder da Mente, confirmam esta verdade. Volto a citar o Mestre: "Pedi e recebereis, porque todo aquele que pede recebe".

Prentice Mulford escreveu: "O estado mental mais constante em nós constitui uma força potentíssima, favorável ou desfavorável para os nossos negócios e bem-estar. Um estado mental permanentemente otimista pode trazer-nos grandes êxitos, ao passo que o estado contrário, sempre pessimista, pode, indubitavelmente, produzir-nos grandes prejuízos.

Há homens que vieram ao mundo com uma mentalidade tão destituída de aspirações, anelos, ambições e propósitos ou intuitos, que são inteiramente incapazes de prover às suas mais urgentes necessidades e às dos seus.

Tais homens são exemplo de um estado mental tão permanente, tão infeliz e falho de energia, que só lhes pode produzir erros, desgraças e quedas constantes, embora tenham nascido no meio da abundância. Há outros que nasceram no meio da maior miséria material; porém, desde a sua baixa e humilde posição nativa, têm aumentado a sua fortuna e riqueza. São estes, também, por sua vez, exemplos de um permanente estado mental, vigoroso, bem-disposto, o qual, em virtude de manter sempre fixa a ideia em um propósito determinado e otimista, acaba por produzir o êxito em tal medida, que pode ser chamado simples acumulação de moeda.

Todo impulso dado a qualquer negócio, seja qual for, começa sempre primeiramente na inteligência". ("Nossas Forças Mentais").

Examine, portanto, seus pensamentos e imaginações. Nunca mais alimente ideias falsas, pensamentos negativos e pequenos, senão o seu mundo será uma ruína.

Busque conviver com pensamentos de progresso e ponha entusiasmo nas suas aspirações. E vá em frente. Uma Força Infinita o arrastará para o sucesso e a riqueza.

Um padre, amigo meu, contou-me que um industrial de Porto Alegre, ligado à fabricação de alumínio, já estava cansado de sacrificar-se tanto na indústria.

Certo dia, reuniu os operários e disse-lhes:

- Vocês são trabalhadores dedicados, por isso pensei em retirar-me da indústria e deixar tudo isso para vocês.

- Tudo?!

- Sim, tudo.

- E nós vamos ser proprietários dessa indústria?

- Isto mesmo. Vocês podem formar um grupo dirigente desde já. O João, que é o chefe de vocês, será o gerente geral, o Pedro será o tesoureiro, e os outros vocês escolhem.

No dia seguinte, um grupo expressivo de operários foi ter com o empresário e disse-lhe:

- Olha, nós não queremos o João de gerente, porque ele não faz nada, não tem interesse, só fica de papo. O senhor sempre o via trabalhando com afinco porque ele deixava alguém de alerta. Quando o senhor vinha chegando, o sujeito dava uma martelada na contra-mão e esse era o sinal. Quanto ao Pedro, não o queremos mexendo com o dinheiro de jeito nenhum, pois, se já agora passa mão em tanta coisa, não é com o que é nosso que ele vai meter as unhas.

- Mas, e por que vocês não me falaram disso tudo?

- É que a gente não queria se desentender com os colegas, o senhor compreende.

Para encurtar a conversa, os operários acabaram não aceitando a oferta.

Quando se trata de assumir o sacrifício, os riscos, e ter que pagar do próprio bolso, aí tudo muda de figura. Ainda mais que agora eram eles que tinham de pagar do próprio salário.

Veio-me à lembrança a imagem do meu pai, já falecido. A vida inteira dele foi dedicada ao trabalho. Começou como carroceiro. Trabalhava incansavelmente, comprando, vendendo, viajando de caminhão para Porto Alegre, em épocas em que uma viagem de Santa Maria à Capital gaúcha chegava a levar dias. Nunca foi a um jogo de futebol, nunca frequentou cinema, nem baile, nem outros tipos de divertimentos. Ia à igreja todas as noites para rezar o terço e assistir a bênção do Santíssimo, assistia a duas missas por domingo e estava sempre entre os primeiros para colaborar com a igreja e obras sociais. Mas, dava duro no trabalho. Até nos domingos ia muitas vezes passear no seu velho armazém. Pode ser que muitos pobres invejassem e cobiçassem os apartamentos que construiu, para a sustentação da sua vida e da saúde nos tempos de velhice. Mas, provavelmente, não chegaram a imaginar o quanto ele deu de si para alcançar esses objetivos.

Não pretendo, com isso, elogiar meu pai; pretendo, sim, mostrar, principalmente para aqueles que acham que, quem tem, deve dar a quem não tem, que isso é o princípio mais claro da injustiça. De repente, alguém, que nada fez na vida, se acha com o direito de entrar na propriedade dos outros, sem mais nem menos, dizendo que tudo é Brasil, portanto, tudo é deles também. Só que, a predominar essa tese, nem bem esses tomam posse do que é dos outros, outros tomarão posse do que é deles, porque o que vale para uns, vale para os outros. E ninguém terá mais segurança, nem paz, nem condições para trabalhar.

Trabalhar para dar para os que não trabalham?

Diz a Bíblia: "Cada um será cheio de bens conforme for o fruto da sua boca, e ser-lhe-á dada a retribuição conforme as obras das suas mãos". (Prov. 12,14).

OS RICOS NÃO SÃO RICOS PORQUE OS POBRES SÃO POBRES

Há uma corrente ideológica que proclama que os pobres são pobres porque os ricos são ricos. Querem dizer que os ricos chegaram na frente e tomaram conta de tudo, não sobrando mais nada para os pobres. Mas, você vê, com a maior facilidade, que todos os dias muitos pobres tornam-se ricos, o que significa que existe riqueza em abundância infinita.

A maioria absoluta que hoje está inundada de riquezas, com toda a certeza começou a vida tão pobre quanto você, que está se queixando. E, sem precisar empobrecer os ricos, tornaram-se também eles ricos.

Sua mente é fonte inesgotável de riquezas e essa fonte pertence a você. Donde, você mesmo pode concluir que a riqueza já existe em você, em quantidades ilimitadas, esperando ser liberada.

Muitos artistas plásticos, por exemplo, começaram a vida

sem um pincel sequer, e hoje, graças ao desempenho mental, conseguiram alto patamar de riqueza. Quase todos eles começaram a vida mais pobres do que você, mas acreditaram no seu talento e acreditaram que aí estava a fonte da sua riqueza!

Quando fui ministrar o primeiro curso sobre o Poder da Mente, em Portugal, ao final da jornada ofereceram-me um alegre e gostoso jantar num restaurante típico. Não faltou nem a famosa sopa de pedra. Um senhor, que sentara ao meu lado, contou-me que viveu muitos anos no Brasil. Certo dia, um amigo dele, num papo descontraído, falou que tinha um conjunto musical. Um rapazinho se apresentou para fazer parte do mesmo. Foi rejeitado. Pois, este rapazinho não era outro senão Roberto Carlos, nos primeiros passos de sua vida artística.

A ser verdade essa história, você percebe que até o grande astro da nossa música começou praticamente do nada. Mas, instintivamente, sabia que tinha tudo, pois sabia que a riqueza estava dentro de si.

Tempos atrás, eu li o seguinte: "Lulu Santos, que antes do sucesso conviveu quatro anos com muita falta de dinheiro, conta: "O melhor programa que fazia, nessa época, era passear num parque, depois comprar pão e presunto e ir comer em casa com a minha namorada". (Rev. Novo Homem, nº 145).

Quando Rudolf Nureyev – considerado o maior bailarino – esteve em São Paulo em 1983, o Jornal do Brasil, em ampla reportagem, contou: "Nureyev foi criança pobre de desmaiar de fome, nas aulas. Assistiu ao primeiro balé aos cinco anos. Seus professores não acreditavam em seu talento: "Ele pula como um sapo, nada mais."

Mas Nureyev tornou-se astro do balé internacional, ficou famoso e rico.

É mais uma comprovação de que a riqueza está dentro de cada um.

Também a famosa cientista Madame Curie, descobridora de algo considerado, na época, impossível, um elemento que irradiava energia constantemente, a que deu o nome de rádio, quando estudava física e matemática na Universidade de Paris "era tão pobre que chegou a desmaiar de fome. Quanto ela não se surpreenderia se pudesse saber, cinqüenta e dois anos mais tarde, que uma empresa cinematográfica gastaria mais de um milhão de dólares para filmar a história de sua vida" ("Como Venceram os Grandes Homens", de Dale Carnegie).

O que eu quero dizer com isso?

Que não é verdade que os pobres são pobres porque os ricos são ricos.

Pobres sempre existiram e ricos sempre existiram, desde os primórdios da humanidade, quando as reservas de riquezas materiais não haviam ainda sido mexidas. Porque riqueza e pobreza não passam de estado de espírito.

Muitos homens, que eram mais pobres do que os sem-terra, hoje são donos de grandes fazendas, fruto de sua mente e seu entusiasmo.

Em junho de 1986, uma revista contou a história de um boia-fria que virou latifundiário: "Em 1949, o mineiro Geraldo Ribeiro de Souza era um boia-fria nas colheitas de algodão e amendoim das lavouras de Presidente Prudente, em São Paulo. Alimentava-se mal, dormia ao relento, trabalhava 12 horas por dia e ganhava 90 cruzeiros velhos por mês – o equivalente a um quarto do salário mínimo da época. Hoje, Ribeiro é proprietário de quatro fazendas espalhadas pelo Brasil – uma delas, no Pará, tem 11.000 hectares – tornou-se um premiado criador de gado Nelore selecionado, possui reprodutores que valem fortuna e seus cavalos "Quarto de Milha" estão entre os melhores do país". (Rev. Veja, nº 928). E o artigo relata, ainda, que ele era analfabeto até os 24 anos de idade. Confessa Ribeiro: "Trabalhei como um cavalo, sofri privações, mas cheguei lá."

Os exemplos de pessoas que começaram por baixo são inúmeros. Creio que não erraria se dissesse que é a realidade da maioria dos ricos.

Portanto, a riqueza exterior de qualquer pessoa começa na mente.

Orison Swett Marden, autor de uma série de livros sobre a mente, escreveu, com muito acerto: "A prosperidade cria-se primeiro mentalmente". ("Os Milagres do Pensamento").

RIQUEZA E EXPLORAÇÃO

Seguidamente se ouve alguém dizer que os ricos são exploradores. São ricos porque exploram os pobres. Alguns ideólogos defendem até com veemência esta tese. Estes, porém, na sua afoiteza, estão negando o fruto do trabalho, do esforço, da capacidade, da arte, da genialidade, da dedicação, do pensamento positivo, do Poder da Mente, da ação divina no homem.

É rico? Roubou! – Dizem eles.

Basta parar dois minutos para pensar e logo se verifica que essas pessoas radicais estão longe da verdade.

Até mesmo entre os santos da Bíblia e os santos da Igreja existiram muitos que foram ricos. São Luiz IX era rei da França.

A riqueza acontece na vida de uma pessoa como fruto do uso positivo da mente.

A fonte da riqueza está na mente.

O mundo exterior é o retrato do mundo interior.

De acordo com o meu modo de pensar, é até impossível uma pessoa exploradora ser rica, porque esta pessoa está envolta em pensamentos negativos a respeito da riqueza. Acha que tem que tirar dos outros, do contrário vai faltar-lhe. Esta é uma mente negativa, mergulhada no espírito de carência, de falta.

Como o pensamento é realidade mental que se torna realidade física, pensamentos de falta, de carência, produzem a falta e a carência. Portanto, se não modificar os padrões de pensamentos, não enriquecerá.

Nem mesmo vejo possibilidade de enriquecimento ilícito através do roubo, do assalto, da violência. Quem assim proceder é um pobre coitado, sem prestígio, cheio de achaques e de doenças, na mente e no corpo; é um infeliz; enfim, um ser miserável. E a riqueza material que, porventura, cair nas suas mãos por golpes de violência e de latrocínio, se esvairá e ficará de mãos vazias.

Ninguém escapa à Lei do Retorno: O mal praticado contra alguém, recai sobre a própria pessoa.

Sei que você poderá rir de tão ousada afirmação.

Se você me apresentar, com nome, endereço e comprovação, um assaltante que seja rico, modificarei essa tese. Sempre procuro acompanhar, tanto quanto possível, o destino de assaltantes, ladrões famosos, e verifiquei que todos, indistintamente, acabaram na desgraça, foragidos da polícia, doentes, evitados por todos, abandonados que nem ratos e, por fim, habitantes do cemitério, com bolsos vazios.

A Lei que rege o universo é férrea e iniludível.

Os que incorrem nesses métodos desonestos de expropriação indébita são atingidos, também, por outra Lei, a Lei de que o semelhante atrai o semelhante, ou seja, a Lei de que o mal atrai o mal, o saque atrai o saque. Quem rouba dos outros é roubado pela vida.

Cada um colhe o que semeia.

E a Lei cumpre-se ainda aqui nesta vida.

Ao falar sobre a riqueza, em palestras pelo Brasil, chego a afirmar que enriquece mais depressa aquele que começa a vida com salário mínimo do que quem se dedica a roubar bancos. O azar é que estes acham que, com eles, não vai acontecer o que aconteceu com outros, que foram parar na cadeia, ou que terminaram juntando os pés naquela cidade. Acham que são mais espertos e que vai dar tudo certo. Não se trata de esperteza. Trata-se, isto sim, de que ninguém, por mais esperto e inteligente que seja, ou por mais escondido que esteja, conseguirá ludibriar a Lei universal.

A Lei universal está além da repressão policial e da justiça humana. Estas podem falhar, mas a Lei universal escrita nos umbrais do Infinito, não falha.

Diz a Bíblia: "Uns repartem o que é seu e ficam mais ricos; outros arrebatam o que não é seu e sempre estão em pobreza". (Prov 11,24).

Diz ainda a Bíblia: "Aquele que calunia ao pobre para acrescentar as suas riquezas, ele mesmo dará a outro mais rico, e virá a ser necessitado". (Prov 22,16).

Outra sentença da Bíblia: "O homem que se apressa por enriquecer, e tem inveja aos outros, não sabe que há de vir sobre ele a pobreza". (Prov 28,22).

Estas afirmações bíblicas querem dizer que quem tira dos outros está caminhando, não para a riqueza, mas para a pobreza.

O semelhante atrai o semelhante – eis uma Lei Universal. Quantas vezes já repeti?

O que tira de outrem atrai para si a mesma realidade.

Certo dia, um agricultor me contou, que há anos trabalhava num armazém com o pai e irmãos. Lá pelas tantas, o pai e irmãos fizeram-no assinar um documento – apenas "pro forma" – pelo qual ele passava a parte dele para o pai e irmãos. Depois que ele assinou, o pai e irmãos, chutaram-no para fora da firma, dizendo que não fazia mais parte da empresa e nada tinha a receber. O documento comprovava tudo.

Nada lhe restou senão deixar a casa paterna e o armazém, sem nada, com uma mão na frente e outra atrás. Mas, sem desanimar, tratou de começar a vida, com fé em Deus. Hoje é dono de terras, plantações, animais, casa, família. E os outros foram à falência. Um foi assassinado, outro suicidou-se. Desgraça total.

Você, meu caro leitor, lembre-se da Lei de que o semelhante atrai o semelhante.

Por outro lado, há uma outra Lei que assim reza: "Todo ato se paga a si mesmo". Quer dizer que cada ato, mental ou físico, encerra em si a realidade do seu conteúdo. Em outras palavras, o bem produz o bem, o mal produz o mal.

James Allen escreveu, com sabedoria: "A Grande Lei é absolutamente justa e, portanto, não poderá pagar o bem com o mal e o mal com o bem". ("O Homem é Aquilo Que Pensa").

A posse do dinheiro e de bens materiais ocorre como resultado do cumprimento das Leis universais.

Quem cumpre de maneira certa as premissas das Leis, que regem o universo e o ser humano, obterá sempre os resultados correspondentes.

Quem usa de maneira certa as Leis que conduzem à riqueza, seja com conhecimento de causa ou acidentalmente, torna-se rico. Aqueles que não observam as premissas das Leis, mesmo que roubem ou trabalhem duramente, não alcançarão as riquezas, ou seja, permanecerão pobres. A não ser que mudem de atitude.

Como escreveu Wallace D. Watles: "É uma Lei natural que causas iguais produzem efeitos iguais". ("Sucesso Financeiro").

Um dia, atendi um agricultor que ia muito mal de finanças e de negócios, a tal ponto que estava prestes a falir. Procurou-me. Estava desiludido da vida, achando que não havia justiça no mundo, pois ele se considerava um homem bom, honesto, trabalhador, católico praticante; ia à missa todos os domingos, comungava com a família e rezava diariamente; apesar disso, a sua situação econômica era desesperadora, enquanto tanta gente, que não entrava na igreja nem para se defender da chuva, prosperava e enriquecia cada vez mais.

- Por que será – arrematava ele – que os bons passam privações e os maus vivem numa boa, cada vez mais ricos?

Expliquei que tudo o que acontecia no mundo era resultado da Lei de Causa e Efeito. A Lei é sempre justa e correta, dando a cada um o que é devido a cada um.

- Mas, e como é que eu sou bom trabalhador e bom cristão e, no entanto, estou numa pior economicamente?

- Também aí cumpre-se a Lei de Causa e Efeito. Você diz que é um homem bom. Certo. Se você faz a oração da bondade, torna-se bom; mas, não rico. Porque a oração produz a realidade do conteúdo da oração. Se você faz a oração da alegria, torna-se alegre; mas não rico. A palavra produz a realidade do conteúdo da palavra.

- Explique melhor – pediu ele.

- Por exemplo, se você planta feijão na sua lavoura, o que é que você vai colher?

- Feijão!

- Exatamente. Se você planta feijão, jamais vai imaginar que colherá abóbora, porque não é da natureza do feijão produzir abóbora. Da mesma maneira, se você faz a oração da bondade, colhe bondade e não riqueza material.

- Com isso, você quer dizer que, para colher riqueza material, devo fazer a oração da riqueza?

- Isto mesmo.

- Olha, esta oração eu nunca fiz, porque aprendi que desejar riqueza não era uma coisa boa. Aprendi que riqueza é coisa má e dinheiro é coisa do diabo.

- Por isso, você está colhendo o resultado dos seus pensamentos. Como sua mentalidade é contra a riqueza, ela está fugindo de você, em atendimento ao seu desejo e à sua crença. Riqueza é coisa boa, pois é através da riqueza que você consegue alimentar sua família, dar-lhe roupa, agasalho e conforto. O mal, quando existe, está no pensamento negativo em relação à riqueza. Diz a Bíblia que "aquele que ajunta tesouro com uma língua de mentira, é vão em juízo, e dará consigo nos laços da morte". (Prov 21, 06). Por outro lado, também afirma a Bíblia que "Os pensamentos do homem robusto produzem sempre a abundância; mas todo o preguiçoso está sempre na pobreza". (Prov 21, 05). Percebeu que os pensamentos de prosperidade produzem sempre abundância? Sempre – diz a Bíblia. Portanto, se você não está colhendo riquezas é justamente por causa da sua crença negativa em relação à riqueza. Cada um colhe o que plantar na mente. Essa é a Lei universal.

- Mas, eu conheço gente da pior espécie, que é rica.

Uma pessoa pode fazer, ao mesmo tempo, a mentalização da riqueza e a mentalização do ódio. Colherá riquezas e ódios na sua vida. Por isso, poderá ter o cofre cheio de dinheiro, mas ser uma pessoa odienta, repulsiva, odiada, desprestigiada, sem amigos, e muito doente, porque é sabido que o ódio produz úlceras, hipertensão, enfartes, problemas intestinais, abscessos, esclerose, gota, hepatite, infecções, reumatismos, tosse, tuberculose, e outros males.

- Então, a riqueza não é um mal?

- Não, riqueza é um bem; o ódio é que é um mal.

- Que devo fazer , então?

- Continuar a orar a bondade, a paz, o amor, a felicidade, a alegria, a fraternidade, a generosidade, a calma; e, também, faça a oração dos bens materiais que deseja alcançar. Lembre-se do que disse o Mestre Jesus: "Pedi e recebereis, porque todo aquele que pede recebe". Recebe o quê? O que pediu, não é mesmo?

- Mas, eu conheço gente que explora os outros, passa para trás e é rica.

- Nisto eu vejo uma contradição. Se uma pessoa explora outra e a passa para trás, esta pessoa não conseguirá enriquecer. Será sempre um pobre coitado, resultado desses pensamentos mesquinhos, pequenos, cheios de medos, que infestam a sua mente.

- No entanto – insistiu ele – eu conheço gente que enriqueceu prejudicando maldosamente outras pessoas nos negócios.

- Diga-me um nome.

- Hi! – exclamou ele – um monte de gente.

- Pois, dê-me o nome do pior ladrão de todos os que você conhece.

- São muitos.

- Dê-me o nome e endereço do pior.

Ele me deu o nome e endereço de um senhor, dono de um engenho de arroz, localizado numa cidade vizinha de Santa Maria. Guardei o nome e continuei a conversa com o agricultor, procurando ajudá-lo a mudar os padrões de pensamentos e a mentalizar a solução dos seus problemas econômicos.

Mais tarde, fui à procura do maior "explorador da humanidade". Longe de ser o que pensava sobre ele o agricultor, era um homem honesto, trabalhador, madrugador, correto nos negócios, bom cristão, chefe de uma família exemplar. E este era – para aquele agricultor – o maior "explorador do mundo". Com este exemplo, quero lhe dizer que ninguém tem condições de julgar corretamente os outros. Só é possível julgar alguém, com exatidão, se a gente consegue entrar dentro do cérebro e da mente do outro e, lá, examinar minuciosamente todos os seus pensamentos. Como isso é impossível, mais uma vez certo estava o Mestre Jesus, quando disse: "Não julgueis e não sereis julgados. Pois, como julgardes, assim sereis julgados; e com a medida com que medirdes ser-vos-eis medidos". (Mt 7, 1,3). Pelos frutos conhecereis a árvore. Toda árvore boa produz bons frutos e toda a árvore má produz maus frutos". (Mt 7, 15-20).

Russell H. Conwell tem uma afirmação que bem pode fechar esse assunto: "Os homens que se tornam ricos são provavelmente os homens mais honestos que vocês encontram na comunidade". E ele continua falando sobre este tema, completando: "Noventa e oito de cada cem homens ricos dos Estados Unidos da América são honestos. Por isso é que as pessoas lhes confiam dinheiro. Por isso é que eles levam adiante grandes empreendimentos e encontram muita gente para trabalhar com eles. É porque são homens honestos". ("Uma Fortuna Ao seu Alcance").

Veja o que diz a Bíblia: "Outros foram ricos e dotados de recursos, vivendo em paz em suas habitações. Todos esses foram honrados por seus contemporâneos e glorificados já em seus dias. Alguns deles deixaram um nome que ainda é citado com elogios". (Ec 44).

SERIA A DELINQUÊNCIA CAUSADA PELA FOME?

Certo dia, estava ouvindo um político falar sobre a marginalização e a delinquência. Depois de focalizar os aspectos trágicos da violência, do crime, do assalto, do roubo, enfatizou que a causa disso tudo era o desemprego, a fome, a pobreza, a miséria. Os delinquentes – segundo esse arrazoado – são pobres infelizes que precisam assaltar e praticar violência a fim de não morrerem de fome.

E o orador aproveitou para verberar contra as desigualdades sociais.

"É a riqueza nas mãos de poucos – concluía ele – que leva esses desgraçados a delinquir, a fim de que lhes caia na boca o pão necessário para saciar a fome".

Na verdade, a delinquência é um mal, é uma chaga social que deve ser eliminada da face da terra. O Brasil inteiro está clamando um basta à violência desenfreada, que grassa por toda parte.

Mas, permito-me não concordar, de modo nenhum, com a causa que é atribuída à violência. Sei que não é só esse político, que assim pensa. Essa já é quase voz geral.

No entanto, se a fome, a pobreza e a miséria fossem a causa da delinquência, chegar-se-ia à fácil conclusão de que todos os delinquentes e marginais são famintos e miseráveis.

Isso não é verdade.

Inúmeros delinquentes e assaltantes – você sabe melhor do que eu – são filhos de ricos, gente que tem comida à vontade em casa.

Em segundo lugar, assassinatos acontecem também por motivos políticos.

Em terceiro lugar, há crimes que resultam da droga, do tóxico.

Se você examinar as ocorrências policiais e os detalhes dos crimes verá que pouco ou nada têm a ver com a fome. A fome, em si, não promove o crime. Se você passar fome, sairá por aí a matar pessoas de forma hedionda e selvagem? Não, porque você tem a mente bem formada.

A causa da delinquência – ao meu ver – é a mente malformada, depravada, animalizada, asselvajada e bruta. Só mesmo uma mente de pedra pode matar uma criança no colo da mãe, matar um jovem a pauladas, violentar seres indefesos. Ali está o infeliz pedindo que leve seu dinheiro, mas, pelo amor de Deus, não o mate, porque tem filhos, tem família. E a vítima é abatida brutalmente ainda antes de terminar o pedido de compaixão. Ninguém vai me convencer que essa atitude animalesca e insensível é provocada pela fome.

Penso que se deveria examinar a mente deste ser humano desde as origens. Acredito que esse desgraçado nasceu e cresceu num mundo árido, sem amor, sem carinho, sem bondade, sem religião. Daí o embrutecimento. Como pode sensibilizar-se diante de uma vítima, se nunca conheceu a sensibilidade, a compaixão, o amor, o bom sentimento, a ternura, o valor da criatura humana?

Portanto, não é dando dinheiro e comida em abundância que esse tipo de pessoa mudará de comportamento, mas dando-lhe o que sempre lhe faltou: amor.

O amor produz amor. Essa é a Lei. Quem tem o coração cheio de amor, irradiará amor, e não ódios, maldades e violência.

Jesus já ensinava, com extrema sabedoria: "Pelos frutos conhecereis a árvore". (Mt 7, 15-20). Uma pessoa que vive no mundo da delinquência, não é porque sua barriga está vazia, mas porque seu coração está cheio de delinquência.

Dá para se concluir, pois, que não é amaldiçoando os ricos, os que têm a mesa farta, que se acabará com o crime; também, não é dando dinheiro e comida ao pobre que a maldade desaparecerá da face da terra.

É ensinando o amor.

Amor não produz ódio nem crime, mesmo que a pessoa esteja passando necessidades.

A mente abrutalhada produz o crime, mesmo que a barriga esteja cheia de comida.

A redenção do submundo consiste em levar a esses marginalizados a presença amiga, o amor, a valorização, a religião, a amizade, os braços abertos e a palavra orientadora.

A CADEIA DEVE SER ESCOLA DE EDUCAÇÃO E NÃO DE ESPECIALIZAÇÃO NO CRIME

Os delinquentes e marginais, recolhidos pela polícia, são levados para a cadeia, outro ambiente sujo, odiento, duro e inútil. Passam os dias no submundo, trocando ideias sobre arrombamentos, crimes, assaltos.

A boca fala do que está cheio o coração – dizia o Mestre. Como a mente deles está eivada dessas imagens e realidades, é disso que irão falar. E, assim, chegamos à conclusão de que o presídio é escola do crime, ao invés de ser momento de reabilitação.

- Mas, fazer o quê? – perguntará você. – Deixá-los soltos?

- Não. Usar o tempo em que os presos estão à disposição do Estado para encher a mente deles com mensagens de amor, de paz interior, autoconfiança, bondade, harmonia, inteligência e sucesso.

- A dificuldade é encontrar pessoas que tenham condições de transmitir essas mensagens – observará você.

Aqui é que está a surpresa. Vou lhe apresentar um método que, além de não exigir que se aumente o número de funcionários e nem necessitar de gente especializada, produzirá efeitos milagrosos na mente do presidiário, redimindo-o de forma maravilhosa. É um método revolucionário, que não passa de ovo de Colombo.

Diz a ciência do Poder da Mente que toda mensagem gravada na mente subconsciente, e aceita pela mesma, se torna verdade na vida da pessoa. É o princípio de que a mente consciente age e o subconsciente reage de acordo.

Se a mente consciente se impregna de ódio, o subconsciente reagirá produzindo ódio na vida do indivíduo. O semelhante atrai o semelhante – diz uma das Leis mentais, aqui repetida várias vezes.

O subconsciente impulsiona a pessoa para o ódio e o ódio realimentará o ódio consciente, multiplicando-se os frutos do ódio pela vida em fora.

Pela mesma Lei, se for incutido na mente consciente e subconsciente do homem o amor, o subconsciente reagirá produzindo amor. E o amor multiplicará o amor.

Basta saber que tudo o que o subconsciente aceita como verdadeiro, seja pela fé, pela mentalização, pela repetição, pela programação, pela oração, pelo hábito, pela crença, moverá céus e terras para tornar realidade física na vida da pessoa.

O mapa da mina está em usar as horas que o presidiário passa na cadeia, ao léu, para incutir na sua cabeça os princípios universais de humanidade, de amor, de honestidade, de força interior, de equilíbrio mental e emocional.

- Mas, isso ele, talvez, já tenha ouvido um milhão de vezes – arguirá você.

Pode ser. Mas, o método que estou apregoando é diferente. A mensagem será transmitida num nível mental mais profundo, mais forte, mais receptivo, mais positivo e mais poderoso. Através do relax. Leva-se o detento a um nível mental profundo, por assim dizer a um estado de sonolência, e aí se transmite a mensagem.

- Isso é muito difícil – dirá você.

Muito fácil e simples. O relax, com a mensagem positiva, já estaria gravado em CD. Se possível, com uma hora de duração, incluindo-se o tempo de música calma e benéfica. Assim sendo, dispensa-se a necessidade de palestrante ou de pessoa habilitada para tal.

Pode fazer assim: reúna todos os presos num salão, ou no pátio, e mande todo mundo deitar de costa. Liga-se o gravador, que transmitirá o relax com mentalização positiva através dos aparelhos de som, de tal forma que todos possam ouvir nitidamente. De olhos fechados, os detentos vão relaxando o corpo e descendo a um nível mental superior. E, nesse nível de muita força interior, gravarão as afirmações positivas e benéficas.

Vamos supor que lá na cadeia esteja um homem condenado a três meses de prisão.

Ele ouvirá durante oito ou dez horas por dia, num nível mental poderoso, mensagens como estas: "Eu agora sou outra pessoa – eu sou saudável – eu sou filho de Deus perfeito – eu irradio paz e amor para todas as pessoas – eu gosto de trabalhar – só existe paz e amor dentro de mim – só eu posso fazer a minha felicidade – só o Bem é que me traz recompensa – eu amo a minha vida e respeito a vida dos outros – sou uma pessoa calma – Deus está dentro de mim e é a minha força – eu sou forte, por isso ninguém mais me moverá para o mal – a vida é um lindo dom de Deus e vou usá-la para o meu bem e para o bem dos meus familiares – estou atraindo um grande Amor na minha vida – sei que tenho capacidade e inteligência para trabalhar e enriquecer honestamente – minha mente está voltada para o sucesso e vou progredir cada vez mais e mais..."

Imagine que uma pessoa, ouvindo durante três meses estas afirmações, estará gravando na sua mente subconsciente uma nova programação mental durante setecentas e vinte horas. Não há quem resista. Geralmente, os cursos sobre o Poder da Mente não duram mais que doze horas e produzem verdadeiros milagres em todos os tipos de pessoas. Um preso de trinta dias ouvirá durante duzentas e quarenta horas; o presidiário de um ano de reclusão ouvira durante 2.920 horas.

O importante é que não se exige nenhum gasto a mais por parte do Governo. Basta gravador e som. E nada mais se faz do que ocupar o tempo ocioso dos habitantes do presídio.

Aí está a redenção dos marginais e delinqüentes.

Não se trata de dopar mentalmente, nem de hipnotizar. Trata-se de plantar uma nova semente – positiva e saudável – na mente subconsciente do indivíduo. Dá certo. Pode fechar a boca. Por que não usar as grandes descobertas da nossa era em benefício da humanidade?

(volte a ler o capítulo todo e assinale, neste espaço em branco, as afirmações que lhe causaram maior impacto positivo).

CAPÍTULO 6

Riqueza E Religião

"A bênção do Senhor dá a riqueza e não a faz seguir de sofrimento". (Bíblia)

Riqueza é todo o bem material.

Até mesmo os que combatem a riqueza não podem viver sem ela.

O pão, o arroz, o feijão, o remédio, o agasalho, que mantêm vivas as pessoas, são bens materiais.

Conheci uma pessoa, muito boa, imbuída de sentimentos muito puros, que gastava fortunas para pregar a pobreza.

Para fazer com que sua mensagem chegasse até os seus ouvintes, despendia grandes somas – do seu dinheiro ou dos que tinham – para custear o avião, para alimentar-se, para adquirir livros sobre o assunto ou imprimi-los, para vestir-se, para pagar o som empregado nas palestras, assim por diante.

Não existe, portanto, pessoa alguma no mundo, mesmo o eremita enfurnado no fundo de uma caverna, que possa viver sem riqueza, ou seja, sem bens materiais.

Segundo o dicionário Aurélio Buarque de Holanda, riqueza é tudo o que é capaz de satisfazer as necessidades humanas – bens ou serviços.

Nas jornadas que realizo por esse mundo a fora, reservo uma sessão para ensinar as pessoas a alcançarem a riqueza que quiserem a fim de se realizarem plenamente na vida. Há pessoas, porém, raramente é claro, que saem do auditório, porque se sentem feridas na sua sensibilidade humana e cristã, entendendo, possivelmente, que eu esteja dizendo alguma heresia ou falando de algo inconveniente ou indigno. Trata-se, na verdade, apenas de confusão e contradição na mente dessas pessoas.

Muitas vezes, até, pode ocorrer que uma pessoa defenda intelectualmente a pobreza e, na vida prática, briga com os pais porque não lhe dão dinheiro, exige um blusão novo de jeans, faz greve contra os patrões por aumento de salário, vai às ruas contra o plano econômico do governo, xinga os países ricos por achar que estão tirando as riquezas dos países pobres.

Confusão mental. Se defendesse de fato a pobreza, quanto menos ganhasse mais contente estaria; e, quanto mais pobre fosse a sociedade e seu país, mais de acordo estariam com as suas convicções.

RIQUEZA É UM BEM OU UM MAL?

Quando falo sobre a riqueza, dedico alguns minutos a desfazer as confusões, os preconceitos e as objeções que se fazem em torno dela.

Tem-se a impressão, às vezes, que todas as pessoas desejam a riqueza, mas muitas acham que não devem aspirá-la, como se fosse um mal.

Um dia, um homem me disse que queria progredir mais na vida, não para ser rico, mas porque desejava dar conforto à sua família e, até mesmo, para poder ajudar mais aos necessitados. Nas suas palavras, sentia-se que ele tinha vergonha de dizer que queria enriquecer. No fundo, ele estava imbuído da crença de que a riqueza era um mal.

Riqueza é bem material; bem material é mundo exterior. Ora, o bem e o mal não residem no mundo exterior, mas são criações do mundo interior da pessoa.

Ninguém é bom ou mau de acordo com a quantidade de bens materiais que possui. É bom ou mau de acordo com seus pensamentos, sentimentos e ações.

Se você tem um carro, tem um bem material. Se usa esse carro para arremetê-lo contra uma pessoa, cometeu um mal na sua mente e, portanto, você será punido e não o seu carro. Se, por uma fatalidade, seu carro se choca contra uma pessoa, nem você nem o seu carro serão punidos porque não existiu o mal na sua mente.

Por outro lado, se a riqueza fosse um mal, Deus seria o maior mau, pois é o criador e o dono das riquezas do universo.

Vou dar-lhe mais um exemplo: Você conhece muitas pessoas ricas que são maravilhosas e boas; também conhece muitas pessoas pobres que são maravilhosas e boas. Conhece pessoas boas que têm cem mil reais no bolso e conhece pessoas más que têm cem mil reais no bolso; conhece pessoas boas que só têm um real no bolso e conhece pessoas más que só têm um real no bolso. Daí, você conclui que não é a quantidade de bens materiais que torna a pessoa boa ou má e sim a sua mente.

Você é o que é a sua mente.

Se a riqueza fosse um mal e a pobreza fosse um bem, os

favelados seriam os santos da nossa era. No entanto, existem favelados santos e favelados bandidos. Assim como existem ricos santos e ricos maus.

Shakespeare já dizia: "O bem e o mal não existem; é o pensamento que os cria".

Buda esclarece: "O mal é feito unicamente pelo eu, nasce do eu, é trazido à existência pelo eu". ("Pensamento Vivo de Buda").

A IGREJA É CONTRA A RIQUEZA?

Se a riqueza é um bem, jamais a Igreja será contra a riqueza. Tanto é verdade, que a Igreja vem se dedicando, com grande empenho, para eliminar a pobreza, a fome, o desamparo social das classes menos favorecidas.

A própria opção pelos pobres não é para estar ao lado dos pobres a fim de mostrar-lhes que esta é a legítima condição do ser humano, mas para ajudá-los a saírem desta situação. E você vê a Igreja assumindo, através de alguns de seus segmentos, a causa dos pobres, dos favelados, dos sem-terra, dos que passam fome, para libertá-los dessas dificuldades e ajudá-los a alcançarem uma vida econômica mais confortável, ou seja, mais rica.

Por uma questão de coerência e legitimidade, se a Igreja fosse contra a riqueza, deveria se desfazer de todos os seus bens, ou seja, de suas igrejas, de suas casas paroquiais, de seus colégios, de suas terras, de seus carros, dos seus museus, de suas obras de arte, do produto de seus serviços. Seria, neste caso, a Igreja pregada no chão, sem condições sequer de acender uma vela no altar. Para cumprir sua missão, teria que viver de esmolas. Mas a esmola só poderia ser dada por quem tivesse riqueza a mais de suas necessidades absolutas. Seria outra incoerência.

Estaria recebendo exatamente o que estaria condenando.

Certa vez, um bom homem rico, muito preocupado em seguir o caminho do bem, foi aconselhar-se com um mestre.

E disse:

- Mestre, me tira uma dúvida. Por que tu falas da riqueza e há tantos pregadores que pregam a pobreza?

- Se tu examinares a fundo – respondeu o mestre – verás que eles pregam a pobreza para os outros.

Este é um risco que correm os que, por raciocínios confusos, entendem que o estado desejado por Deus é o estado de pobreza material.

Um dia, certo religioso quis saber como eu conciliava a teoria de que a riqueza é um bem quando o estado de perfeição religiosa era considerado o estado de pobreza física.

Respondi dizendo simplesmente que a perfeição é um estado interior do ser humano e não tem nada a ver com pobreza ou riqueza material. Se a pobreza física fosse o estado de perfeição religiosa, neste caso os favelados, os sem-terra, os famintos, seriam perfeitos e, por outro lado, não poderia existir perfeição nos que vivessem em casas de alvenaria, em grandes colégios, no vaticano e nos que pregassem o serviço divino em igrejas suntuosas.

A santidade e a perfeição são dons interiores, cultivados na mente e no coração do ser humano. Ora, sendo assim, pouco ou nada importa – examinando-se por este ângulo – se a pessoa mora debaixo de uma ponte ou num palacete.

Basta você percorrer as páginas da Bíblia e encontrará grandes homens, grandes santos, que eram ricos. Veja o caso de Abraão, o homem justo, o santo, o precursor de Jesus. No capítulo treze do Gênesis, versículo dois, consta: “Abraão era muito rico em rebanhos, em prata e em ouro”. E continua dizendo a Bíblia: “Ló, que acompanhava Abraão, tinha igualmente ovelhas, e bois, e tendas". Isaac, filho de Abraão, também era muito rico. Veja o que diz o livro sagrado: "Isaac semeou naquela terra e, naquele ano, colheu o cêntuplo. Iahweh o abençoou e o homem enriqueceu, enriqueceu cada vez mais, até tornar-se extremamente rico. Ele tinha rebanhos de bois e ovelhas e numerosos servos". (Gn 26, 12-14). Jacó adquiriu propriedades. José, filho de Jacó, era riquíssimo.

Diz a Bíblia que Moisés distribuiu grandes territórios à tribo dos filhos de Ruben, à tribo de Gad, à meia tribo de Manasses, a Caleb, à tribo dos filhos de Judá e outros. Davi, do qual Jesus descende, foi profeta e rei de Judá. Salomão, filho de Davi, grande rei, grande sábio, autor do livro da Sabedoria, era possuidor de imensas riquezas. Jó era muito rico, perdeu tudo, mas, no fim da sua vida, "possuía catorze mil ovelhas, seis mil camelos, mil juntas de bois e mil jumentas. Teve sete filhos e três filhas: a primeira chamava-se Rola, a segunda Cássia e a terceira Azeviche. Não havia em todo o país mulheres mais belas que as filhas de Jó. Seu pai lhes repartiu heranças como a seus irmãos". (Jó 42, 12-17).

Se você percorre a lista dos santos da Igreja Católica encontrará muitos santos que eram ricos e também encontrará muitos santos que eram pobres. Isto quer dizer que cada um escolhe o modo de vida que melhor o ajuda a alcançar os seus ideais.

Resta, portanto, concluir corretamente que pobreza não é nenhum sintoma de santidade, mas apenas um modo de vida como qualquer outro.

DEUS SE COMPRAZ COM O SACRIFÍCIO, A FOME E AS PRIVAÇÕES?

Seria absurdo inominável entender que Deus, após criar um mundo de tanta abundância, de tanta exuberância, de tanta riqueza, de tanta grandeza, fosse criar seres de sua própria espécie, feitos à sua imagem e semelhança, para viverem nas privações, no sofrimento e na fome.

Para quem imagina você que Deus criou este imenso universo, de tanta riqueza material?

Para ele mesmo?

Não. Se fosse para ele, não seria necessário materializar a riqueza, pois Deus é espírito e tudo que ele cria na sua mente já é a sua realidade.

Para quem foi, então, que Deus criou este mundo material tão fantástico?

Para você.

É o que diz a Bíblia, no início do Gênesis: Deus criou o céu, a terra, as águas, a luz, o firmamento, a verdura, as ervas, as plantas, os frutos, as estrelas, o sol, os peixes, as aves, os animais e tudo o que existe.

E assim continua a Bíblia: "Disse também Deus: Façamos o homem à nossa imagem e semelhança, o qual presida aos peixes do mar, às aves do céu, aos animais, e a todos os répteis que se movem sobre a terra, e domine em toda a terra. E criou Deus o homem à sua imagem: fê-lo à imagem de Deus, e criou-os macho e fêmea". (Gn 1, 26-27).

Por este trecho, transcrito literalmente da Sagrada Escritura, você percebe que foi criado por Deus para presidir a obra da criação e dominar em toda a terra.

Que maravilhosa grandeza!

Nunca mais se sinta um ínfimo grão de areia.

Como filho de Deus, que é, a terra lhe pertence por legítima herança. Por isso, diz o livro sagrado que você é o rei da criação.

Assuma a sua grandeza. Levante a cabeça. O mundo é seu. Pare de passar fome e de se julgar o último dos mortais.

Você é filho de Deus, herdeiro do universo.

A DEUS APRAZ QUE VOCÊ VIVA NA ABUNDÂNCIA

Diz a Bíblia: "A bênção do Senhor dá a riqueza e não a faz seguir de sofrimento". (Prov 10, 22).

Se a bênção do Senhor dá a riqueza é porque esta é uma coisa boa. Jamais alguém poderá supor que a bênção divina possa propiciar algo de ruim.

Na verdade, o dom do filho de Deus é viver na abundância, desfrutando as maravilhas da criação.

É desejo de Deus que seus filhos tenham uma vida à altura de sua grandeza. "Vim para que tenhais vida e a tenhais em abundância" – disse Jesus.

Miséria, fome, privações, não fazem parte do mundo de Deus.

Como Deus é a fonte de tudo, o doador de tudo, Jesus ensinou que o Pai sempre dá o pão de cada dia a todos os que lho pedirem: "O pão nosso de cada dia nos dá hoje".

Jesus nunca ensinou que devemos suportar privações, porque elas fazem parte da nossa vida, mas insistiu que devemos pedir o pão e tudo o que quisermos; e o Pai, que sempre atende, dar-nos-á.

O nome de Deus e a Presença Divina sempre estão envoltos em abundância e prosperidade. O livro do Eclesiástico, que faz parte da Bíblia, fala assim de Deus: "Ele aumentou a glória de Aarão, deu-lhe patrimônio, destinou-lhe as oferendas das primícias, em primeiro lugar pão em abundância". (Ec 45, 20-21).

Já o apóstolo Paulo, na sua carta a Timóteo, assim escreveu: "Deus, o qual nos dá abundantemente todas as coisas para nosso uso". (Tim, 17).

Nunca mais imagine um Deus miserável, avarento, insensível, mas acredite que Deus, que criou as maravilhas do universo, as criou para você poder usá-las à vontade. Mergulhe a sua mente na exuberância e prodigalidade da vida e verá que seus dias lhe serão de fartas colheitas.

JESUS ENSINOU O CAMINHO DA RIQUEZA

O Mestre Jesus, que afirmou ser "o caminho, a verdade e a vida" e, por isso, é seguido por milhões e milhões de pessoas, longe de mergulhar os seus fiéis num mundo de sofrimentos, de misérias e de privações, ensinou reiteradamente que existe uma Fonte Infinita de tudo, onde cada pessoa pode se abastecer.

- Onde está a fonte? – pergunta, de imediato, você.

Vamos procurar a resposta no próprio Mestre.

Antes de tudo, é preciso ficar bem claro na sua mente que Jesus nunca mandou alguém se conformar com a sua miséria, nem deu razão aos que lutam desesperadamente sem nada conseguir, como se isto fosse da vontade do Pai Celestial.

Ele localizou a fonte de todas as riquezas materiais onde ninguém imaginava. Suas palavras, embora revelassem uma sabedoria transcendental, não foram levadas muito a sério por tanta gente, que continuou a lutar, a brigar, a se revoltar, a acusar e a bradar contra as injustiças do mundo e de Deus.

- Mas, onde está essa fonte? – volta a indagar você, com impaciência.

Esta fonte está dentro de você, na sua mente, no seu secreto, no seu subconsciente. Incrível, mas verdadeiro.

Por isso, falou o Mestre:

- Que estais a inquietar-vos de não terdes pão? Ainda não atinais nem compreendeis? Ainda está tão cego o vosso coração? Tendes olhos e não vedes? Tendes ouvidos e não ouvis? Já não vos lembrais quando parti os cinco pães para os cinco mil? Quantos cestos levastes cheios de pedaços?

- Doze.

- E quando parti os sete pães para os quatro mil, quantos cestos levastes cheios de pedaços?

- Sete.

- Como é que não entendeis ainda? (Mc 8, 14-21).

Nesta conversa com os discípulos, Jesus pedia que eles se cuidassem do fermento dos fariseus, isto é, da ação nefasta dos fariseus junto ao povo. Mas, os discípulos estavam pensando em pão. Jesus os repreendeu por se preocuparem com o pão, porque este nunca faltaria. O Pai Celestial sempre daria o pão de cada dia. Com esse diálogo, quis dizer aos discípulos que era inadmissível que ainda se preocupassem com a alimentação, quando acabavam de presenciar o grande milagre da multiplicação dos pães. Comida jamais faltaria.

Por que nunca faltaria?

Porque no interior de todo ser humano existe um Poder Infinito, que sempre atende aos pedidos de cada um.

O Pai Celestial, que habita o secreto da pessoa – como ensinou o Mestre – é a fonte infinita, inesgotável, de tudo. E Jesus insistiu repetidamente que o Pai sempre atende ao pedido. Jamais o Deus que habita o âmago de toda pessoa iria dar pedra a quem pedisse pão ou iria dar privações a quem desejasse bem-estar.

Veja o que ele explicou, numa outra ocasião: "Haverá, entre vós, quem dê a seu filho uma pedra, quando lhe pede pão? Ou quem lhe dê uma serpente quando lhe pede peixe? Se, pois, vós, que sois maus, sabeis dar coisas boas a vossos filhos, quanto mais vosso Pai, que está nos céus, dará coisa boa àqueles que lhe pedirem". (Mt 7, 7-12).

Eis aí uma das lições mais sábias do Mestre.

Você conseguiu entender ou também está cego o seu coração?

Jesus quis revelar uma espantosa verdade, segundo a qual o Pai habita o interior de toda pessoa e sempre atende a qualquer pedido de cada um. Se uma pessoa pede pão, dinheiro, casa, roupa, carro, geladeira, é impossível pensar que Deus possa responder dando pedra, serpente, escorpião, miséria, sofrimento ou privações.

Se você pede ao seu pai, agora mesmo, uma garrafa de vinho, jamais ele lhe daria uma garrafa de veneno. Porque seu pai ama você e só quer o seu bem. Pode não lhe dar nada por não ter nada, mas nunca vai querer dar-lhe sofrimentos, desabrigo, fome, desolação.

Ora – raciocina o Mestre – se o pai, que tem a mente muito limitada e, portanto, sujeita a enganos, a preconceitos e a maldades, sabe dar coisas boas a seus filhos, quanto mais o Pai Celestial. Sim, porque o Pai Celestial, além de pai que sempre só quer o bem dos filhos, é a Sabedoria Infinita que não pode enganar-se, é o Amor Total que não pode arrefecer, é o Poder Infinito que nunca se vê impedido de dar tudo o que quer dar.

Como já disse, volto a sublinhar: O Pai, que é a fonte de tudo, que tudo dá, que é sempre a resposta exata ao pedido, está dentro de você. Dentro de você e não em algum lugar ignorado e não sabido.

Também esta verdade foi ensinada claramente pelo Mestre: "Tu, porém, quando orares, entra no teu secreto, fecha a porta e ora a teu Pai às ocultas; o teu Pai, que vê o que é oculto, te há de recompensar". (Mt 6, 5-8).

Jesus está dizendo que, quando você quer orar, deve entrar no seu interior, fechar-se dentro de si, e, assim, entrar em contato com o Pai, que habita o seu íntimo.

Orar é entrar em contato imediato com o Pai, que está no secreto de todo ser humano. Deus, portanto, está dentro de você, ouve o seu pedido e sempre atende.

É preciso dar-se conta de que o Deus interno de cada ser humano é o Poder Infinito, que sempre concede o que se lhe pedir.

Foi isso que ensinou Jesus: O Pai sempre atende.

Vou citar-lhe algumas afirmações do Mestre, que bem demonstram a veracidade do que estou dizendo.

Assim falou Jesus: "Pedi e dar-se-vos-á; procurai e achareis; batei e abrir-se-vos-á. Pois, todo aquele que pede recebe; quem procura acha; e a quem bate abrir-se-lhe-á". (Mt 7, 7-12).

Reparou você na linguagem simples e direta do Mestre? Sem rodeios e sem enrolações, ensinou ele: "Pedi e dar-se-vos-á... porque todo aquele que pede recebe".

- Mas, para receber, o que é que se deve pedir?

- Não há determinação nenhuma. Você pode pedir tudo o que quiser. Pode pedir paz, amor, alegria, saúde, felicidade, casamento, casa, carro, emprego, dinheiro, geladeira; enfim, a você pertence determinar o que deseja para si.

"Pedi e recebereis... porque todo aquele que pede recebe."

Recebe o quê?

Logicamente, recebe aquilo que pediu.

Ora, disse Jesus: "Qual é o pai, que, tendo o filho pedido pão, dar-lhe-á uma pedra?".

Se nenhum pai terreno faz isso, muito menos o Pai Celestial.

Passemos para a nossa situação: como se pode imaginar que, tendo você pedido a Deus pão, casa, roupa, dar-lhe-á fome, desabrigo, miséria e sofrimentos?

A grande pergunta e a grande dúvida é saber se o Pai sempre dá exatamente o que foi pedido.

Se a pessoa colocar corretamente as premissas da Lei da fé, o resultado determinado pelas premissas sempre virá. É a Lei. Portanto, a fé, em sendo fé, é sempre infalível.

Veja o que disse o Mestre: "Tudo quanto pedirdes em meu nome, eu o farei, para que o Pai seja glorificado. Se me pedirdes em meu nome eu o farei". (Jô 14, 15-19).

Porventura, pode-se inferir dessa afirmação que, se você pede alguma coisa, Jesus fará outra coisa?

Pode-se entender que, se você pede uma casa, Jesus lhe dará paz de espírito?

Nada disso. Se você quer paz de espírito peça paz de espírito. A oração produz a realidade do conteúdo da oração.

Nem todos os teólogos, no entanto, concordam com essa colocação. Dom Estêvão Bitencourt dedicou-se a analisar dois livros meus em sua revista. Nos seus comentários sobre a infalibilidade da fé, não concorda com a minha posição. Eu digo que a fé é sempre infalível. Quando não acontece o recebimento, não foi porque Deus se negou a atender, mas simplesmente porque a pessoa não pediu corretamente. Portanto, quem falhou não foi Deus, mas o pedinte. Este não colocou corretamente as premissas para que a Lei da fé se expressasse. A fé, em sendo fé, sempre conduz às obras. Todo o pedido já encerra em si o recebimento.

"Porque todo aquele que pede recebe". (Mt 7, 7-12).

Se o pedido não foi atendido, isto ocorreu simplesmente porque a pessoa não acredita no recebimento, ou seja, sua mente está tomada de dúvidas, de medos, de incertezas, de negativismos, de descrenças. Como o pensamento produz a realidade do conteúdo do pensamento, o que essa pessoa vai receber é o resultado das suas dúvidas, das suas descrenças, dos seus medos e não o resultado do seu pedido.

Em apoio a essa tese, cito o Mestre: "Crede firmemente que recebereis tudo quanto pedirdes na oração – e ser-vos-á dado". (Mc 11, 20-26).

Primeira verificação: Creia firmemente que receberá e ser-lhe-á dado.

Isto significa literalmente que toda a oração acreditada é infalível.

Segunda verificação: ser-lhe-á dado o que pedir na oração.

Está claro ou não está claro?

O eminente teólogo Dom Estevão Bitencourt, no entanto, critica esta minha colocação, apontando o seguinte: "Sem dúvida, não há oração inútil ou destituída de atendimento da parte de Deus. Todavia, o olhar de Deus nem sempre coincide com o olhar do homem. Este pode julgar que determinado objeto lhe seja conveniente, quando na verdade não o é; por isso, quando o objeto de nossas preces não corresponde ao plano de Deus e ao nosso verdadeiro bem, a Providência Divina nos concede algo de equivalente ou melhor, mas não atende segundo a letra do nosso pedido. Dissipa-se assim qualquer concepção mecanicista de oração. Ninguém pode constranger a Deus..." (Ver. "Pergunte e Responderemos", nº. 263).

É claro que a opinião de Dom Estevão é respeitável, pois sua sabedoria teológica e profundidade ascética merecem todo o respeito. Como, no entanto, ele não é o único que estuda os ensinamentos do Mestre Jesus – e nem de longe o deseja ser – há os teólogos que não colocam da mesma maneira esses aspectos da religião. Ao longo dos séculos de cristianismo surgiram obras que apresentam uma visão diferente. Aliás, é dessa riqueza de obras que resulta a iluminação da doutrina cristã.

A respeito das observações acima citadas, entendo que toda a oração feita sem fé é inútil, porque não é atendida.

O Mestre coloca a fé como condição essencial para o atendimento.

Fé, segundo o Mestre, é "crer firmemente na realização da sua palavra". Esta é a fé que remove montanhas e realiza o milagre. Esta é a fé que significa a força todo-poderosa que cura doenças e torna possível o impossível.

E o apóstolo Paulo, que foi um dos primeiros seguidores do Mestre, também a definiu assim: "A fé consiste na firme confiança daquilo que se espera e na convicção daquilo que não se vê". (Hebreus, 11, 1). Quando existir esta fé, toda oração é infalível.

A fé, portanto, é uma força interior todo-poderosa: "Quanto ao poder – disse Jesus – quem tem fé tudo pode". (Mc 9, 22).

Por outro lado, ao contrário do que escreveu Dom Estevão, Jesus nunca falou que quando a oração não coincide com os planos de Deus não é atendida ou é trocada por outra coisa melhor. O Mestre sempre ensinou que receberemos o que pedimos. O apóstolo João referiu-se a esta verdade com uma clareza meridiana: "Ora, sabendo que atende ao nosso pedido, sabemos também que receberemos o que pedimos". (Jo 5, 15). Que receberemos o que pedimos. Seja o que for. Receberemos o que pedimos. Pertence a nós pedirmos aquilo que nos faz bem.

Ainda, creio que se poderia dizer que a colocação do teólogo carioca cria uma dificuldade muito grande: Se é Deus que faz e acontece com a minhas orações, respondendo-as da maneira que quiser, isto significa que eu não sou o autor da minha vida, mas Deus, e, neste caso, minhas realizações não teriam valor e nem merecimento. E mais: se não fosse exagero, poder-se-ia concluir que, se Deus atende como quiser, seríamos autômatos de Deus.

Concluo, pois, esta breve digressão teológica, insistindo que Deus dá o que foi pedido. Jesus nunca colocou qualquer condicionante, como, por exemplo, "pedi e, conforme, dependendo do que estais pedindo, alcançareis... Pedi, e se for para o vosso bem, alcançareis... Pedi e, se for da vontade do Pai, alcançareis...".

Não. A Lei é essa: Peça e receberá o que pediu.

E não existe limite para o pedido: "Tudo quanto suplicardes e pedirdes, crede que recebestes, e assim será para vós". (Mc 11, 24). Jesus é direto, claro, definitivo.

Não se trata de constranger a Deus e nem de concluir que o homem é superior a Deus a ponto de obrigá-lo a atender. Trata-se da realização de uma Lei divina. Deus rege o universo e o ser humano através de Leis. Toda pessoa que coloca corretamente as premissas das Leis universais, obtém o resultado. Foi assim que Deus dispôs o mundo. Ninguém está obrigando Deus a nada e ninguém está se colocando acima de Deus. Se Deus quis dirigir o mundo desta maneira, tudo bem.

Quando você bebe água não diz que Deus se vê obrigado e constrangido a matar a sua sede. Nada disso. É a Lei. Quando você coloca água no fogo, e assegura que o fogo esquentará a água, seria idiotice daí concluir que você é mais do que Deus porque o obriga a esquentar a água. Trata-se simplesmente de uma Lei criada por Deus e que os homens a utilizam para o seu benefício.

Querer, ainda, concluir que as minhas colocações são panteístas é um absurdo do tamanho do Pão de Açúcar. Colocar as minhas ideias como oriundas da Trilogia Analítica é outro absurdo, tão grande como dizer que o uso do pensamento positivo pode ter repercussões daninhas à saúde psíquica e física. Toda árvore boa só pode produzir bons frutos. Pensamentos positivos e saudáveis só podem produzir frutos positivos e saudáveis.

A LEI DA FÉ TAMBÉM VALE PARA ALCANÇAR A RIQUEZA

Se o Mestre disse "Tudo quanto suplicardes e pedirdes, crede que recebestes, e assim será para vós", e se Jesus disse que "tudo o que pedirdes ao Pai, em estado de oração, crendo, alcançareis" – é lógico que isto vale também para a riqueza material.

Tudo quanto suplicardes e pedirdes: Pão, terra, trator, semente, alegria, felicidade, saúde, bondade, paciência, amor, casamento, casa, assim por diante.

E disse Jesus: "Tudo o que pedirdes... alcançareis".

Tomo o dicionário e verifico o que significa o vocábulo tudo: "A totalidade ou universalidade do que existe". (Aurélio Buarque). Completo o dicionário, acrescentando: totalidade ou universalidade do que existe e do que pode existir no mundo material e mental.

Dentro da totalidade ou universalidade do que existe ou pode existir, você inclui salário, emprego, renda mensal, casa, apartamento, terra, caminhão, trator, tevê, vestido novo, sapatos, botas, viagem, pão, arroz, feijão, leite, alface, frutas, livros, cortinas, tapetes, violão, gaita, vinho, cerveja, cama, cobertor, e o mais que você desejar.

"Tudo quanto suplicardes e pedirdes, crede que recebestes, e assim será para vós". (Mc 11, 24).

A escolha é sua.

Não há nenhum desmerecimento em afirmar que dentro da Lei todo-poderosa da fé se incluem também os bens materiais. Pelo contrário, releva-se, dessa forma, o seu valor e a sua grandeza.

O homem é um ser mental-espiritual-corporal-material e a realização plena está na satisfação de todas essas dimensões.

Jesus pregava a realização plena desse ser total. Ensinava que no interior da pessoa havia a dimensão divina, ou seja, a presença do Pai. O Pai é o Poder Infinito existente no âmago da criatura.

O apóstolo João começa a sua terceira carta assim: "Caríssimo, eu peço a Deus nas minhas orações que te prospere em tudo e que te conserve em saúde, assim como a tua alma se acha em bom estado". (3 Jo 2).

Numa única frase, o apóstolo pede a Deus para que o recebedor da carta se realize em todas as dimensões, isto é, na prosperidade material, na saúde e no espírito.

Na caminhada de pregação de um novo mundo, Jesus não esqueceu nenhuma dimensão do ser humano.

Na parte espiritual, colocou a criatura humana em comunhão com o Pai Celestial; na parte da saúde, curou os enfermos do corpo e da mente e ensinou as pessoas a curarem as suas doenças; na parte material, mandou que cada um pedisse o pão de cada dia e recomendou que ninguém mais se preocupasse com o que haveria de comer e de vestir, porque o Pai Celestial dará a cada um tudo o que cada um precisar.

Quando as multidões, que acompanhavam o Mestre, estavam famintas, ele não pediu que sofressem por amor ao Pai, mas realizou o milagre da multiplicação dos pães. E a comida foi distribuída em larga abundância, de tal forma que todos comeram, ficaram fartos, e ainda sobraram muitos cestos cheios de restos.

Por ocasião da festa de casamento, em Caná, ao faltar vinho, Jesus transformou a água em vinho de primeira qualidade e todos comeram e beberam à vontade.

Seria ridículo pensar que Jesus tenha passado fome e privações, quando ele sabia que a fonte de tudo estava no seu interior.

JESUS SEMPRE TEVE TUDO DE QUE NECESSITAVA

Um dos motivos que leva muita gente a ter medo da riqueza material é porque pensam que Jesus era pobre, sofredor de privações, e ensinou que seus seguidores deveriam ser assim também.

Jesus não era pobre, porque sabia que no seu interior habitava o Pai, que tudo lhe dava.

Como imaginar que o Mestre tenha passado fome e privações, quando ele sabia perfeitamente que a fonte de tudo estava dentro de si?

"Pedi e recebereis.... porque todo aquele que pede recebe".

Jesus tinha tudo o que queria e necessitava. Seu poder não tropeçava nas limitações, nem nos imprevistos, nem na oposição, nem na maldade dos outros e nem em dificuldade de espécie alguma.

"A tese, segundo a qual Cristo viveu com os apóstolos em absoluta pobreza e sem nenhuma posse, foi condenada pelo Papa João XXII, porque tal afirmação trazia consigo a consequência de que todo cristão deveria ser pobre por causa do exemplo de Cristo". (REB, set. 1983). Se a pobreza física fosse uma lei divina para todos os viventes, sem dúvida alguma hoje a humanidade não existiria mais, porquanto todos teríamos morrido de fome. Não é com enxada, pá e arado puxado a bois que sete bilhões de seres humanos matariam a fome, mas através de grandes empreendimentos, com o uso de maquinaria cada vez mais sofisticada. Só os ricos podem dispor de condições capazes de fabricar maquinaria e de plantar grandes áreas.

Clemente de Alexandria, um dos mestres da Igreja antiga, disse: "Não é nenhuma virtude invejável ou grandiosa viver simplesmente sem riquezas". (REB, set. 1983). Este Padre da Igreja primitiva não falou mais do que uma grande verdade. Ser pobre não é virtude, é apenas um estado de vida. Os favelados vivem sem riquezas e nem por isso são obrigatoriamente santos ou virtuosos. A virtude é resultado da ação mental e não da carência de bens materiais.

Um dos argumentos dos que defendem que Jesus era pobre é o de ter nascido numa gruta. Pois bem, quem diz que Jesus nasceu numa gruta foi apenas o evangelista Lucas. Já o evangelista Mateus fala em casa. Ao chegarem os magos em Belém, por ocasião do nascimento de Jesus, escreveu o evangelista Mateus: "E eis que a estrela que tinham visto no oriente, seguia diante deles, até que, chegando sobre o lugar onde estava o menino, parou. Ao verem a estrela, foi grande a alegria que sentiram. Entraram na casa e viram o menino com Maria, sua mãe, prostraram-se em terra e o adoraram". (Mt 2, 1-12). Mesmo que Jesus tenha nascido na gruta de Belém, o que é mais lindo e mais poético, ainda assim tal aconteceu porque, estando em viagem, não encontraram lugar nas hospedarias da cidade.

Quanto à alimentação, esta, por certo, nunca lhe faltou; ainda mais que ele mesmo já havia ensinado que o Pai, que alimenta as aves do céu e veste os lírios do campo, jamais deixaria sem comida e sem roupas quem as pedisse.

Todos os aspectos ligados à parte econômica de Jesus e seu grupo estavam a cargo de um discípulo chamado Judas. Ele era o encarregado do caixa e de providenciar tudo o que se referisse à parte material.

Jesus, com certeza, nas suas andanças era muito convidado para fazer refeições nas casas. Dizem os evangelhos que até participou de banquetes. Sem dúvida, também partilhou a mesa simples da gente pobre.

Quanto à vestimenta do Mestre, é claro que não era maltrapilho.

Conta o evangelista João que, "depois de crucificarem Jesus, os soldados lançaram mão das suas vestiduras e fizeram dela quatro partes, uma para cada soldado; além disto, a túnica. A túnica, porém, era sem costura, toda tecida de alto a baixo. Pelo que disseram entre si: “Não a cortemos, mas lancemos sorte, a ver a quem toca”. (Jo 19, 23-24).

Como você vê, a túnica de Jesus era uma vestimenta de qualidade.

É importante ressaltar, ainda, que Jesus se hospedava na casa de gente pobre, de gente média e de gente rica. Lázaro, por exemplo, que vivia numa mansão, em Betânia, com suas duas irmãs Marta e Maria, era muito amigo do Mestre e sempre o hospedava. Tudo indica, por outro lado, que não poucas vezes deve ter dormido à beira do caminho. Sim, porque ele era um peregrino. Sua missão era percorrer as cidades, vilas, campos e povoados para levar a boa nova do reino de Deus.

Com isto, não estou afirmando que Jesus era rico ou pobre ou remediado. Quero dizer – e não poderia ser diferente – que Jesus sempre tinha tudo o que queria, uma vez que ele sabia que nele mesmo residia a fonte infinita de tudo.

TERIA JESUS PREGADO A POBREZA?

Há uma passagem no evangelho que os defensores da pobreza como modo cristão de vida citam em primeiro lugar: a história de que é mais fácil um camelo passar pelo fundo de uma agulha do que um rico entrar no reino dos céus. Vamos então, registrar literalmente o texto.

Conta Lucas: Quando Jesus seguia caminho, correu-lhe ao encontro alguém, caiu de joelhos e lhe fez esta pergunta: Bom Mestre, que devo fazer para alcançar a vida eterna?

Respondeu-lhe Jesus:

- Por que me chamas bom? Ninguém é bom senão Deus somente. Conheces os mandamentos: não matarás, não cometerás adultério, não furtarás, não levantarás falso testemunho, não enganarás, honrarás pai e mãe.

Respondeu-lhe ele:

- Mestre, tudo isto tenho observado desde pequeno.

Contemplou-o Jesus com amor e disse-lhe:

- Uma coisa ainda te falta: vai, vende tudo o que tens e dá-o aos pobres – e terás um tesouro no céu – depois vem, segue-me.

A estas palavras entristeceu-se ele e retirou-se, porque era possuidor de muitos bens.

Correu Jesus um olhar em derredor de si e disse a seus discípulos: "Como é difícil entrarem no reino de Deus os que possuem riquezas!".

Aterraram-se os discípulos com estas palavras. Jesus, porém, tornou a dizer-lhes: "Como é difícil, filhos, entrarem no reino de Deus os que põem sua confiança nas riquezas. Mais fácil é passar um camelo pelo fundo de uma agulha do que entrar um rico no reino de Deus".

Com isto, se aterraram ainda mais e diziam uns aos outros: "Quem pode então salvar-se?".

Jesus cravou neles um olhar e disse: "Para os homens é isto impossível, mas não para Deus; porque a Deus tudo é possível".

Então tomou Pedro a palavra e disse: "Eis que nós deixamos tudo e te seguimos".

Respondeu Jesus: "Em verdade, vos digo que todo aquele que por causa de mim e do evangelho deixar casa, irmão, irmã, mãe, pai, filho, ou campo, receberá, já nesta vida – embora entre perseguições – o cêntuplo em casa, irmãos, irmãs, mãe, filhos e campos, e no mundo futuro terá a vida eterna". (Mc 10, 12-31).

Há diversos aspectos a serem analisados neste trecho do evangelho. O primeiro assunto foi uma conversa que Jesus manteve com um jovem que o queria seguir. Estava, portanto, a fim de ser discípulo de Jesus. Como a missão de Jesus era percorrer os caminhos do mundo e levar a sua mensagem às cidades, às vilas, aos povoados, a todas as regiões, é mais do que lógico que o seguidor do Mestre não poderia estar ligado a outros compromissos que o impedissem de acompanhar as jornadas de Jesus. Naquele momento da opção, o moço devia decidir: ou deixar tudo e seguir Jesus por toda parte, ou voltar para os seus negócios, porque as duas coisas ele não conseguiria fazer ao mesmo tempo.

Estava sendo testada a verdadeira vocação do rapaz. O que ele gostava mesmo de fazer era dedicar-se aos seus negócios, às suas atividades, que, sem dúvida nenhuma, também eram necessárias para a comunidade. Ao perceber que era, de fato, isso que mais queria entre as duas possibilidades de escolha, ficou triste porque não poderia seguir o Mestre, que ele tanto amava e cuja pregação o fascinava e atraía.

Todos têm obrigação de amar a Deus, seguir os mandamentos de Deus e do Bem, mas nem todos têm vocação religiosa. Além disso, "muitos são os chamados, poucos os escolhidos". (Mt 22, 14).

Desfazer-se dos empreendimentos não era uma determinação dada a todo o ser humano, mas, sim, àqueles que quisessem ser discípulos de Jesus, pelo simples fato de que não teriam condições de atender às duas coisas ao mesmo tempo.

Não se trata, portanto, de supor que Jesus estivesse pregando a pobreza material para todos os seus fiéis. Nem sequer estava pregando a pobreza para os seus discípulos, porque, logo adiante, ele declarou: "Em verdade, vos digo que todo aquele que, por causa de mim e do evangelho, deixar casa, irmão, irmã, mãe, pai, filho, ou campo, receberá, já nesta vida, o cêntuplo de casa, irmãos, irmãs, filhos e campos". Por certo, ele queria dizer que, deixando a família e os bens individuais, nessa missão maravilhosa receberia muito mais bens matérias e espirituais do que tinha antes. E, ainda, por se dedicar a uma missão tão grandiosa, teria, no mundo futuro, a vida eterna.

A RIQUEZA PODE SER OBSTÁCULO À FELICIDADE?

Mas, Jesus aproveitou o momento, em que o jovem rejeitara o seu convite, para chamar a atenção sobre as dificuldades que encontram muitos ricos para alcançarem o reino dos céus.

Se alguém põe a sua confiança unicamente nas riquezas, estará sempre preocupado, angustiado, com medo, tenso, porque pode, de um dia para outro, perder tudo o que tinha.

E, se uma pessoa vive tensa, nervosa, preocupada, angustiada, não está vivendo no reino dos céus, mas num reino de preocupação e doenças.

Para viver no estado interior de reino dos céus a pessoa deve estar liberta, a mente despreocupada, desapegada, límpida.

As pessoas que conseguem entrar neste estado interior podem chamar-se bem-aventuradas, ou seja, felizes. Foi isso que ensinou o Mestre, ao dizer: "Bem-aventurados os pobres em espírito, porque deles é o reino dos céus". (Mt 5, 3).

Reino dos céus – a que se referia Jesus aqui – não é o reino da outra vida, como muitos podem supor, mas estado interior de felicidade.

Perguntaram os fariseus quando viria o reino de Deus. Jesus respondeu-lhes: "O reino de Deus não vem com aparato exterior; não se pode dizer: Ei-lo aqui ou acolá! O reino de Deus está dentro de vós". (Lc 18, 20-21). Portanto, o estado interior de reino de Deus ou de reino dos céus é o estado de paz, de alegria, de amor, de felicidade. Este é um estado mental, que se cria dentro da própria pessoa. Se alguém, no entanto, está com a mente ligada apenas nos negócios, nos compromisso, nas contas a pagar, nas duplicatas, no saldo bancário, nos problemas financeiros, nas dificuldades econômicas, este é o seu estado mental – estado mental tenso, preocupado, perturbado, temeroso – e esta realidade interna nada tem a ver com o estado interior de reino dos céus.

A situação mental de preocupações e temores é bastante frequente entre as pessoas ricas, devido ao acúmulo de compromissos sérios e, bastas vezes, difíceis.

Jesus ensina que não é para se preocupar com os bens exteriores, porque o Pai Celestial dá tudo o que havemos mister, mas a maioria dessas pessoas não sabe como isso pode acontecer. E continuam tensos e preocupados dia após dia, noite após noite, sofrendo consequências danosas à saúde. Aí, vêm as tensões, que geram a hipertensão, que gera o estresse, que gera o nervosismo, a irritabilidade, a insônia, as úlceras, os problemas de coração, o enfarte, e outros males.

Donde se conclui que a preocupação com os negócios e com a riqueza material – que ocorre com os que não sabem usar a mente – impede-os de serem felizes e saudáveis. Como a felicidade é estado interior de reino dos céus, essas pessoas não conseguem entrar nesse reino maravilhoso, que é a razão de ser da vida humana.

Tomando por base esta realidade psicológica, o Mestre observou, em outra ocasião: "Ninguém pode servir a dois senhores: ou odiará um e amará a outro, ou respeitará a este e desprezará aquele; não podeis servir a Deus e às riquezas". (Mt 6, 23-24).

Aparentemente, você pode ter a impressão de que Jesus

aqui está combatendo a riqueza. Nada disso. Ele está ensinando a grande verdade de que a gente não deve estar com a mente obsessionada na riqueza, porque, sendo assim, nada mais caberá no coração, a não ser papéis, duplicatas, cheques, promissórias. Uma pessoa que vive servindo a riqueza, que tem a mente e o coração mergulhados na riqueza, não pode estar no reino dos céus, porque no seu coração não há lugar para isso.

Como fazer?

As riquezas são coisas boas e estão aí para servir você e não para você servi-las.

Sua mente deve estar ligada na alegria, na felicidade, na paz, no amor, na fraternidade, enfim no reino dos céus. E, neste estado de felicidade, usufrua das riquezas. Sirva-se das riquezas e não sirva as riquezas, porque se você ficar servindo as riquezas, elas serão o seu deus. Assim, além de fazer da riqueza o seu deus, o que é um erro, você não será feliz, porque no seu coração não sobrará lugar para a felicidade.

Seja feliz; sirva o Deus todo-poderoso que habita o seu interior, e tudo o mais lhe será dado por acréscimo, como ensinou o Mestre.

Quando uma pessoa tem a sua mente obsessionada pelo dinheiro, só pelo dinheiro, pelos bens materiais, pelo cheque bancário, pelos negócios, é porque essa pessoa não sabe que existe um Poder Infinito dentro de si, que tudo lhe alcança. Se sabe que tudo lhe alcança, nunca vai afligir-se, nem angustiar-se ou ficar temeroso.

O seu tesouro está dentro de você e é inesgotável. Este tesouro – como frisou Jesus – a traça não corrói, a ferrugem não carcome, o tempo não desfaz, o que pode acontecer com os bens materiais.

A suprema inteligência está em reconhecer que todos os tesouros estão na mente, guardados em lugar onde não é possível corromper-se ou perder-se.

Aquele que só quer acumular tesouros fora, para poder prevenir-se diante das situações adversas e do futuro incerto, ficará preocupado, temeroso, angustiado, porque sabe que, a qualquer dia, a qualquer momento, tudo pode esvair-se; e esse pensamento o deixa num pavor constante, tornando-o infeliz. Diante desta colocação, muitas pessoas extraem a conclusão errônea de que a riqueza é um mal. Não, a riqueza é um bem. O mal está no pensamento negativo em relação à riqueza.

LIBERTAR-SE DAS PREOCUPAÇÕES

Um grande número de pessoas têm enorme dificuldade de libertar-se das preocupações econômicas e financeiras e isso faz com que se absorvam cada vez mais no mundo dos negócios e dos empreendimentos a fim de que a riqueza possa crescer tanto que dispense esses pensamentos negativos e prejudiciais. Mas, o fato de se enfronhar com unhas e dentes no mundo dos negócios, impede essas pessoas de viverem a vida, de participarem das coisas boas que acontecem na comunidade; impede de curtirem plenamente o aconchego da família. Quer dizer, eles não têm tempo para nada, nem sequer para levar os filhos ao parque, ou à igreja, ou para dedicar alguns minutos a Deus. Essas pessoas, quando se derem conta, a vida passou e lá jazem elas paralisadas numa cadeira de balanço, olhando para a ferrugem que está tomando conta do cofre.

Jesus, sentindo essa realidade, exclamou: "Como é difícil um rico entrar no reino dos céus". Ou seja, ser feliz.

Torna-se difícil porque a grande maioria não sabe que existe no interior de toda pessoa a fonte de tudo e que há um Poder Infinito que tudo alcança.

Se você tivesse, na sua casa, uma fonte poderosa, forte, transbordante de água, nunca ficaria com medo de faltar-lhe água. Pelo contrário, você até esqueceria o problema água. Só se preocupa com a falta de água quem sente a possibilidade de esta vir a faltar-lhe.

Preocupam-se com os bens materiais aqueles que não sabem que, dentro de si, está a fonte de todos os bens materiais.

Como são relativamente poucos os ricos que conhecem essa extraordinária verdade, a tendência dos que têm muito é se preocuparem muito.

Para que os ouvintes se conscientizassem mais desse problema, Jesus fez uma comparação muito forte: "Mais fácil é passar um camelo pelo fundo de uma agulha do que entrar um rico no reino dos céus".

Jesus gostava muito de usar as imagens do que estava vendo, para aplicar na sua pregação, a fim de que o povo o compreendesse melhor. Naquele dia, estava diante das muralhas de Jerusalém. Antigamente, as grandes cidades importantes eram cercadas por muralhas, que tinham a finalidade de proteger os habitantes contra invasões e ataques inimigos. A cidade de Jerusalém também estava cercada por fortes muralhas de proteção. Em alguns pontos, havia entradas e saídas. Agulha, segundo aprendi há muito tempo, era uma abertura estreita existente na muralha que circundava a cidade, pela qual um camelo passava, mas passava bem apertado.

Possivelmente, naquele instante algum viajante estivesse fazendo o seu camelo passar, com grandes dificuldades, pela agulha. Servindo-se dessa visão, disse Jesus, talvez apontando para o camelo: "Mais fácil é passar um camelo pelo fundo de uma agulha do que entrar um rico no reino dos céus".

Claro que, pelo visto, não se tratava de agulha de costurar, senão seria literalmente impossível.

Mais uma vez é preciso repetir que o Mestre não estava condenando a riqueza, mas insistindo que, se o rico não se despreocupar e não desprender a sua mente da fixação nos bens materiais, não terá condições de ser feliz.

Pode ser feliz uma pessoa preocupada constantemente com seus negócios, com seus compromissos, com sua situação financeira e econômica?

Dificilmente ou nunca.

- Mas, como evitar as preocupações, os medos e as angústias? – perguntará você.

- Acreditando que existe um Poder Infinito, dentro de si, que sempre atende ao seu pedido, à sua prece, às suas necessidades. Ora, se sempre atende, não há razão para se preocupar e nem para temer. Porque você sempre terá o que quiser, como quiser, onde quiser.

Volto a dizer: se você tem uma fonte poderosa de água na sua casa, algum dia se preocupou com a falta de água? Nunca.

Então, ouça o Mestre: busque primeiro o estado interior de reino dos céus – que é o estado de felicidade – e tudo o mais você terá por acréscimo.

Não é a riqueza que gera a riqueza, mas é a mente ligada na riqueza, é a oração da riqueza, que produz a riqueza. Esta é a maneira simples e fácil pela qual você retira da Fonte Infinita a riqueza material que deseja para si.

Diz a Bíblia, no livro dos Salmos: "Se o Senhor não edificar a casa é em vão que trabalham os que a edificam". (Sl 127, 1).

Isto que dizer que não é o trabalho duro, desgastante, que produz a riqueza, mas o Poder Infinito, que existe em todo ser humano.

O livro dos Provérbios tem a seguinte afirmação: "Recomenda a Deus tuas tarefas e teus projetos irão se realizar". (Prov 16).

Também, no livro de Neemias lê-se: “O Deus do céu, ele nos fará prosperar”. (Neemias 2, 20).

É o Deus que habita o seu céu interior que fará com que a sua oração se realize.

JESUS ENSINA O CAMINHO AOS POBRES

É muito comentada a passagem do evangelho em que Jesus fala das dificuldades que encontram muitas pessoas ricas para viverem no reino dos céus. Já me reportei a este assunto.

Veja agora quais são as dificuldades principais que atormentam e preocupam muitos pobres, impedindo-os de viverem no seu próprio reino dos céus.

O que é que atormenta e preocupa tantos pobres? Em primeiro lugar, a aflição pela possível falta do pão de cada dia, da comida, da roupa, dos remédios, dos bens de primeira necessidade. Em segundo lugar, a incerteza do futuro; a preocupação quanto ao dia de amanhã.

Percebendo as preocupações e os temores do povo pobre que o ouvia, deu-lhes o Mestre a mais sábia das instruções: “Não andeis, pois, inquietos, nem digais: Que havemos de comer? Que havemos de beber? Com que nos havemos de vestir? Não andeis, pois, preocupados com o dia de amanhã; o dia de amanhã cuidará de si mesmo; basta a cada dia a sua lida”.

E continuou Jesus a ensinar aos pobres: “Considerai as aves do céu; não semeiam, nem ceifam, nem recolhem em celeiros – vosso Pai celeste é que lhes dá de comer. Não sois vós mais do que elas?

E por que andais inquietos com o que haveis de vestir? Considerai os lírios do campo, como crescem; não trabalham, nem fiam, e, no entanto, vos digo que nem Salomão, em toda a sua glória, se vestiu jamais como um deles. Se, pois, Deus veste assim a erva do campo, que hoje existe e amanhã é lançada ao forno, quanto mais a vós, homens de pouca fé". (Mt 6, 25-34).

Nestas palavras, o Mestre apresenta, com muita propriedade e sabedoria, os grande problemas que afligem e preocupam a gente pobre e traça, com genialidade divina, a solução.

Tudo aquilo que atormenta a mente de muitos pobres, impedindo-os de serem felizes, se resume, segundo Jesus, na ideia da fome, das privações, da falta dos bens de primeira necessidade e nas preocupações quanto ao futuro.

Muitas pessoas pensam que é correto preocupar-se com o futuro.

Certa vez, no decorrer de uma entrevista que concedi, durante três horas, para a Rádio Renascença, de Portugal, um engenheiro ouvinte falou que eu ia contra os ensinamentos de Jesus ao afirmar que as pessoas não deviam se preocupar; insistia que Jesus mandou cada um se preocupar com os outros.

Quando terminou de fazer a sua colocação, no ar, eu simplesmente respondi que nunca encontrara passagem alguma nos evangelhos em que Jesus mandasse alguém se preocupar, pois é mais do que sabido que a preocupação é um mal, que gera tensão, hipertensão e toda uma série de doenças, e o Mestre jamais iria pregar o mal e a doença. Pelo contrário, pregou claramente – e citei a passagem – que ninguém devia se preocupar.

- Mas, como posso deixar de me preocupar – queixar-se-á você agora – se sou pobre, ganho pouco, tenho família para alimentar e vestir? Só posso ser bom pai, bom cristão, se me preocupar com a vida e com o futuro da minha família.

A resposta lhe é dada pelo Mestre dos mestres:

"Haverá, entre vós, quem dê a seu filho uma pedra, quando lhe pede pão? Ou quem lhe dê uma serpente quando lhe pede peixe? Se, pois, vós, que sois maus, sabeis dar coisas boas a vossos filhos, quanto mais vosso Pai, que está nos céus, dará coisa boa àqueles que lhe pedirem". (Mt 7, 7-11).

Aí está a resposta mais fantástica e incrível que você poderia ouvir sobre o problema social e econômico: dentro de cada pessoa está o Pai, o Poder Infinito, que dá tudo o que lhe for pedido. Ora, é mais do que lógico que, se você recebe da Fonte Infinita tudo o que pedir, não lhe sobra nenhuma razão para se preocupar e nem para se queixar de seu estado de privações e de fome. Peça o pão com manteiga de cada dia e você sempre o terá em abundância, porque – ensinou Jesus – o Pai, que habita o interior do ser humano, sempre dará tudo o que se lhe pedir.

Através da revelação dessa verdade, ficam solucionadas todas as dificuldades sofridas pelos pobres, dificuldades essas que impedem tanta gente de ser feliz.

Nem o rico deve se preocupar e nem o pobre. Devem, isto sim, ocupar-se na promoção do bem pessoal, familiar e social. O Poder Infinito, existente em toda pessoa, é a solução para tudo, tanto no presente, quanto no futuro.

A vida é hoje. Pense que "o dia de amanhã cuidará de si mesmo. Basta a cada dia a sua lida".

Jesus não está pregando a imprevidência ou a irresponsabilidade. Nem está dizendo que você não deve ter planos, programas; muito menos que não deve estabelecer uma visão definida e firme dos seus ideais futuros.

Está simplesmente ensinando que você não deve criar pensamentos negativos de medos, de aflição, de apreensão, de preocupação, de angústia, de nervosismo, de depressão, de impaciência, porque estas projeções mentais criam o seu inferno interior, ao invés de criar o estado interior de reino dos céus.

Seguindo a orientação do Mestre, você encontra paz de

espírito, libertação interior, tranquilidade, segurança, e a certeza de que sempre terá tudo que desejar. Ora, esses pensamentos positivos são essenciais para que você seja feliz e alcance o Reino de Deus.

(volte a ler o capítulo todo e assinale, neste espaço em branco, as afirmações que lhe causaram maior impacto positivo).

CAPÍTULO 7

Bem-aventurados Os Ricos Porque Eles Estão Tornando O Mundo Cada Vez Melhor

Os ricos cometem a maravilha de consagrarem a vida inteira a um empreendimento, que visa impulsionar o progresso em alguma direção, e, no fim de tantos anos de desgastes, partem para a eternidade sem levar nada.

Quando eu começo a analisar os benefícios que os ricos estão trazendo para a humanidade, muitas vezes à custa da própria vida, fico acreditando que eles mereceriam uma bem-aventurança.

- Mas, isso é um horror! – dirá alguém, que só ouviu falar nos merecimentos da pobreza.

- Sim – reafirmo com convicção – bem-aventurados os

ricos, porque são eles que estão tocando a humanidade para frente e construindo um mundo melhor.

Graças aos esforços meritórios dos ricos é que são processadas imensas lavouras, único meio de matar a fome de sete bilhões de seres humanos e de uma quantia incalculável de animais.

Não é a enxada e a pá do pobre, ou o arado puxado a bois, que vai produzir as toneladas sem conta de cereais e produtos necessários para alimentar os habitantes deste planeta. É o dinheiro dos ricos que vai criar as indústrias que fabricam tratores, colheitadeiras, plantadeiras e uma série cada vez mais sofisticada de máquinas necessárias à lavoura.

É a riqueza e o esforço dos ricos que fabrica silos e que ergue indústrias para processar e conservar os alimentos.

E os meios de transporte, ou seja, os caminhões, os trens, os aviões, os navios, são construídos e movidos pelos ricos para que pessoas, mercadorias, alimentos e matérias-primas cheguem, no devido tempo, aonde devem chegar.

As casas, onde moram ricos e pobres, existem graças às fábricas de tijolos, cimento, azulejos, vasos sanitários, chuveiros, pias, canos, fios elétricos, lâmpadas, portas, janelas, telhas, pregos e tudo o mais.

As roupas que abrigam a maioria absoluta da humanidade são confeccionadas pelas grandes ou pequenas indústrias acionadas pelos ricos.

Não é preciso pensar muito para descobrir a grande verdade de que o mundo só vai para frente graças à ação forte e decidida dos ricos.

- Mas, existe mérito nisso? – perguntará você.

- Muito mais do que você imagina.

O pobre e o operário trabalham as suas oito horas e se vão embora para casa ou para um papo no bar da esquina.

Mas, o dono da fábrica chega mais cedo e sai mais tarde, trabalhando dez, doze, ou mais horas diárias, para atender às exigências da indústria, como estoques, previsões de vendas, qualidade, pagamentos, lucros, salários, matéria-prima, transporte, colocação no mercado, conservação e renovação de maquinaria. Não é raro ver o industrial e o comerciante embranquecer antecipadamente os cabelos ou parar no hospital com enfarte, úlcera, problemas gástricos, e outros que tais, causados por inúmeras preocupações e problemas. Enquanto isso, o operário está jogando futebol ou brincando na praia.

- Mas, o operário fica só com o salário fixo, enquanto que o dono da indústria leva a parte do leão, somando lucros fabulosos às custas do assalariado – gritará alguém.

- Vamos devagar com o andor. É lógico que o patrão deve ficar com a parte maior do lucro, pois não é o operário que vai repor os estoques, que vai comprar novas máquinas, que vai reparar as avarias, que vai construir novos pavilhões, que vai pagar os juros bancários, que vai pagar os impostos e os encargos sociais. E, no caso de prejuízos, no caso de ir mal a empresa, no caso de todos os esforços de vinte anos de empresa resultarem numa dívida para o resto da vida, eu nunca ouvi falar que os operários se reuniram para ajudar a repartir os prejuízos e se cotizarem com o intuito de levantar o empreendimento. Simplesmente exigem o que é seu e se mandam para outro arraial. E lá fica o tal de rico amargando um abacaxi com casca e tudo.

Para você ter um pequeno exemplo, veja um pedaço da desgraça sofrida por Fabrizio Fasano, quando teve que amargar uma dolorosa concordata, devido a produtos adulterados que recebeu de fornecedores, por ocasião do lançamento do novo uísque Brazilian Blend: "A agonia do empresário

Fabrizio Fasano foi lenta. Havia dias em que sua casa era invadida por até dez oficiais da justiça e credores. Eles não se contentavam em levar sua geladeira, seu carro, sua televisão. Não se contentavam em levar todos os seus bens à praça pública. Em tirar-lhe a casa, a fazenda e mais dezessete imóveis". "Queriam ver a minha cara – diz Fasano – queriam ver o estrago estampado na minha cara".

E Fasano reagiu à concordata trabalhando dezesseis horas por dia". (Rev. Manchete). Isto aconteceu em 1979. Quatro anos depois, este homem de fibra já tinha pago todas as dívidas e continuou crescendo cada vez mais no mercado de vinhos, uísque, vodca e licores. Atualmente, não sei como está.

Os pobres não dão nada de material para o progresso da humanidade, porque nada têm para dar. Seu rendimento empata com o consumo. Mas o avanço do mundo ocorre pelo acréscimo ao já existente. Ora, para acrescer, é preciso sobrar.

Um edifício, por exemplo, é construído com o dinheiro que sobra em algum lugar e que, por consequência, é aplicado nesse novo empreendimento.

Os ricos cometem a maravilha de consagrarem a vida inteira num empreendimento, que visa impulsionar o progresso em alguma direção, e, no fim de tantos anos de desgastes, partem para a eternidade sem levar nada, deixando tudo para que outros possam continuar a caminhada para frente, desde o ponto em que deixaram. Basta que você examine a vida dessa gente, com calma, frieza, e sem ideologias, para perceber que eles são os heróis do mundo, pois realizam um esforço hercúleo para que o progresso caminhe nas suas mãos e nas mãos dos seus sucessores.

Olhe para cima. Veja esse avião que está passando, conduzindo gente, cargas, negócios, mensagens; conduzindo artistas, executivos, políticos, religiosos, noivos, gente com pressa de chegar a tempo de um enterro. O avião, que tantos benefícios traz à humanidade, está voando porque muitas pessoas, em vez de colocarem o dinheiro no cofre, o empregaram nesse veículo de transporte e tantas outras pessoas continuam empregando na sua modernização e segurança.

Bem-aventurados os ricos, porque fazem o bem ao mundo e, bastas vezes, são mal-compreendidos.

Bem-aventurados os ricos, porque impulsionam as artes, as invenções, a medicina, a ciência, as igrejas, os colégios, a indústria, o comércio, o emprego, os transportes, as viagens espaciais, a sobrevivência, o lazer, o conforto, a longevidade, a literatura, o progresso, as nações, e, não raro, são desprezados.

Eu tenho pena dos pobres e necessitados, mas tenho também pena dos ricos, porque são desassistidos, mal-entendidos, sofrem violência e jazem ao abandono de muitas instituições religiosas, como se fossem as ovelhas negras do universo e a causa da miséria.

Qualquer Governo no mundo funciona porque existem pessoas que conseguem produzir mais do que consomem. Ora, se produzem mais, sobra para dar ao governo em forma de impostos e contribuições.

É esse dinheiro, arrecadado junto aos que produzem que permite ao Governo criar escolas, fomentar as artes, traçar estradas, abrir universidades, financiar lavouras e indústrias, manter hospitais com equipamentos cada vez mais sofisticados, lançar satélites para comunicações e meteorologia, financiar os empreendimentos dos pobres e sem recursos.

Não pense você que o Governo cria recursos, dinheiro,

riquezas. Não, o Governo simplesmente administra o dinheiro e os recursos financeiros que lhe chegam às mãos pela arrecadação junto aos que produzem, vale dizer, aos ricos.

Numa das primeira viagens que fiz a Portugal, para realizar uma jornada sobre o Poder da Mente, o país estava no auge da campanha política presidencial. Uma frase de efeito, lançada nas ruas pelo Partido Comunista, era esta: "Os ricos que paguem a conta". Referiam-se, é claro, à dívida externa de Portugal. Diante desse slogan, tive que sorrir. Como se não fossem os ricos que estão pagando todas as contas do Governo. É lógico que não são os pobres que estão pagando a conta, pois estes nem sequer entram na faixa dos impostos. Os comunistas poderiam saber que sempre foram os ricos que pagaram e que continuarão a pagar as contas do Governo, tanto no que diz respeito à divida externa quanto interna.

Não pense você que o dinheiro usado pelo Governo para promover a reforma agrária, dar terras aos sem-terra, abrir mais estradas, construir escolas e usinas, caiu do céu. Esse é o dinheiro que você deu a ele para que o use em benefício da comunidade. E não resta a menor dúvida de que tudo o que o Brasil está realizando em todas as áreas, inclusive na reforma agrária, é com dinheiro arrecadado dos ricos.

Creio, pois, que eles merecem uma bem-aventurança. Além disso, chamo os ricos de bem-aventurados porque eles dão a vida no cumprimento da sua missão. Isto não é demagogia. Na verdade, penso que se pode dizer que os ricos se matam de tanto esforço mental e físico para empurrar o seu empreendimento para frente, com isso beneficiando o país e a humanidade.

- E beneficiando a si mesmos – cortará você.

- Muito mais aos outros do que a si mesmo. As pressões de todos os setores são tão grandes, que os problemas, o medo, os sobressaltos, as dúvidas e incertezas acabam minando a saúde, condenando-o ao enfarte ou a um corolário de doenças infindáveis.

O peso que eles carregam nos ombros, sem saberem como livrar-se do mesmo, acaba por dar-lhes o descanso eterno muito antes do que desejavam.

Bem-aventurados os ricos que, no fundo da verdade, dão a vida pelos outros.

(volte a ler o capítulo todo e assinale, neste espaço em branco, as afirmações que lhe causaram maior impacto positivo).

CAPÍTULO 8

Por Fim, Seja Rico, Mas Também Feliz

Sou como o sétimo dia
Da obra da criação,
Na mais plena comunhão
Com a própria divindade...
Minha mente está tão linda,
O coração mais ainda...
Hoje eu sou felicidade!

É preciso, antes de tudo, reconhecer que riqueza não é sinônimo de felicidade.

Riqueza é mundo exterior; felicidade é estado interior. Portanto, você pode ser rico e infeliz; pode ser feliz e pobre; pode ser rico e feliz; pode ser pobre e infeliz.

Exemplos, que comprovam a veracidade do que estou afirmando, você os encontrará por toda a parte.

Por certo, você deseja ser rico, feliz e saudável. Pois bem, sendo rico e feliz, consequentemente será saudável.

Para ser rico, já sabe como proceder: A oração ou mentalização da riqueza atrairá a riqueza, pois, como escreveu Emmet Fox, "qualquer coisa que você tenha experimentado na vida é, na realidade, apenas o retrato exterior dos seus próprios pensamentos e crenças. Ora, você pode mudar esses pensamentos e então o quadro exterior também deve mudar". (Descubra e Use Sua Força Interior).

"Seja feito conforme a vossa fé" – disse Jesus.

MENTALIZAÇÃO DA RIQUEZA

Se você não sabe como mentalizar a riqueza material, deixo-lhe aqui um roteiro, que é a síntese da fita cassete e do CD, que gravei sobre "A riqueza Ao Seu Alcance".

Retire-se a um ambiente silencioso, calmo, agradável.

Certifique-se de que ninguém vai incomodar você nestes vinte minutos. Se lhe for possível, ponha música suave, calma, que possa ajudar a sua concentração.

Coloque-se agora numa posição confortável. Relaxe o corpo. Feche os olhos. Concentre-se em cada parte do corpo e imagine esta parte do corpo relaxando mais e mais.

Depois de relaxar o corpo, relaxe a mente, isto é, crie um estado mental positivo, leve, descomprimido, confiante, feliz.

Agora concentre-se imaginariamente no seu coração afetivo e visualize-o iluminado de amor.

Continue relaxando mais e mais.

A seguir, abra os olhos calmamente e mentalize, com fé e simplicidade, estas afirmações para o seu benefício:

"Eu fui criado por Deus – Suprema Felicidade e Riqueza – para usufruir de todas as boas coisas da criação. Portanto, vida confortável, mesa farta, ambiente saudável, condições econômicas para expressar meus dons e capacidades, situação de abundância para viver em bem-estar, riqueza que nasce em mim e jorra para os outros – tudo isso é bom e faz bem.

É este, também, o pensamento de Deus, pois diz a Bíblia: "A bênção do Senhor dá a riqueza e não a faz seguir de sofrimento".

A riqueza material está dentro de mim, em estado amorfo, e adquire forma, manifestação e materialização através do pensamento claro, nítido, definido, e expressado mentalmente pelo desejo, pela imagem, pela oração, pela ideia, ou por qualquer outra forma mental.

Abro as portas para que o bem-estar material entre na minha casa.

Abro as mãos para o dinheiro – símbolo maravilhoso do mundo material, veículo da saúde, do progresso, da fraternidade, das boas coisas da vida – e faço-o circular em meu benefício, em benefício dos meus, da comunidade e de toda a humanidade.

Abro a mente para a prosperidade, para o sucesso, para o desenvolvimento social.

Como tudo o que eu desejo já existe, me pertence e está esperando por mim, nunca mais me preocupo, nem invejo o que é dos outros, nem tiro de ninguém.

Sou correto nos negócios e coloco Deus dos dois lados da mesa em toda transação comercial.

Deus agora é meu sócio; sigo a sua orientação e sei que estou progredindo sempre mais.

Jogo fora os fracassos e os medos, porque a riqueza, que

jorra para mim, já está pagando as contas e me trazendo abundância inesgotável.

Uso minha inteligência, meus dons, minha energia física, para continuar, alegre e prazeirosamente, a obra da criação do mundo, respeitando as leis que estabelecem a harmonia universal.

Eu sou guiado divinamente, por isso sou bem-sucedido em tudo o que faço.

Estou atraindo as pessoas certas, interessadas, honestas, cumpridoras dos compromissos, em todos os meus negócios.

Eu sou calmo, confiante, liberto, positivo, otimista, saudável, cheio de amor, feliz, feliz, muito feliz da vida.

Assim é agora e sempre.

Como o recebimento é a resposta do pedido; como a realidade material é o efeito da realidade mental, vou concentrar-me agora para formar um quadro mental do bem que desejo possuir, visualizando-o como já sendo meu; ou, então, vou formular o meu pedido, acreditando que Deus já está me atendendo, pela lei do "Pedi e recebereis".

(Agora feche os olhos novamente e mentalize os seus objetivos materiais, imaginando-os como já sendo seus. Vibre de contentamento. Permaneça assim quanto tempo o desejar. Por fim, abra os olhos e conclua:)

Desde já estou agradecido e feliz, porque sei que assim é e assim será.

Vou contar de um a sete e, ao contar sete, estarei bem desperto, saudável, alegre, positivo, confiante e feliz...

Um... dois... três... quatro... cinco... seis... sete..." (Fim da mentalização).

Pode levantar-se e continue, cheio de alegria e de fé, as atividades normais do seu dia a dia.

Além dessa mentalização mais profunda e prolongada, você pode reafirmar os desejos, por meio de pequenas frases ou imagens, a qualquer momento do dia.

"Porque todo aquele que pede, recebe" – afirmou o Mestre.

E SEJA FELIZ

Como você é o que é a sua mente, só será feliz ao criar o estado mental de felicidade.

O Mestre já havia se referido a esta verdade: "O reino dos céus está dentro de vós mesmos".

Não adianta procurar a felicidade no mundo exterior, porque será em vão. O reino dos céus está dentro de você. E se expressará na sua vida a partir do momento em que vivificar esta realidade através do pensamento ou da imaginação.

Você é o que pensa; pense felicidade e será feliz.

Segundo a ciência do Poder da Mente, o pensamento é uma realidade mental que se torna realidade física, pela reação do subconsciente.

A partir deste princípio, você reconhece que é simples e fácil ser feliz.

Ser feliz é tão simples quanto pensar felicidade.

Já o grande sábio Salomão dizia, na Bíblia: "Porque, como imaginou na sua alma, assim é". (prov 23, 7). Pois, então, comece agora a imaginar-se feliz, alegre, vibrante, irradiante, cheio de amor, leve, simpático, sorridente, agradável, confiante, seguro de si, otimista, positivo, fraternal, calmo, tolerante, imperturbável, cheio de energia, bondoso, bem-sucedido, em paz, saudável, comunicativo, liberto, forte, poderoso, próspero, guiado divinamente. Sinta-se em comunhão com o universo, com as pessoas, com as plantas, com os animais, com Deus – e você estará permanentemente vivendo no mais lindo reino dos céus interior.

Como o mundo exterior é a expressão do mundo interior, você será felicidade, a vida será felicidade, o universo inteiro será felicidade. Assim, você terá atingido o mais alto estágio da evolução humana.

E dirá comigo – e com todos os que vivem esta realidade – que a vida é uma festa e este planeta é um lindo paraíso terrestre, criado por Deus para a delícia de todos os seres humanos, seus filhos.

Agora, levante a cabeça, abra os braços, e diga: “Sim, a vida é uma festa.”

ÍNDICE

CAPÍTULO 1
O CAMINHO DA RIQUEZA

CAPITULO 2
OS PASSOS DA RIQUEZA

CAPÍTULO 3
FRACASSO É IMPULSO PARA FRENTE

CAPÍTULO 4
O TRABALHO: FONTE DE EVOLUÇÃO, PRAZER E SAÚDE

CAPÍTULO 5
A RIQUEZA E A QUESTÃO SOCIAL

CAPÍTULO 6
RIQUEZA E RELIGIÃO

CAPÍTULO 7
BEM-AVENTURADOS OS RICOS, PORQUE ELES ESTÃO TORNANDO O MUNDO CADA VEZ MELHOR

CAPÍTULO 8
POR FIM, SEJA RICO, MAS TAMBÉM FELIZ